GONZAGUE SAINT BRIS

LOUIS XI
LE MÉCONNU

ALBIN MICHEL

À la mémoire de notre père Hubert Saint Bris qui a ouvert au public en 1964 le Clos Lucé d'Amboise, la demeure familiale, bâtie en 1471 par Étienne Le Loup, conseiller du roi Louis XI.

« Loué soit-il, et Notre Dame
Et Louis, le bon roi de France ! »

François Villon

PROLOGUE

Le solitaire de Plessis-les-Tours

> « Lorsque l'orgueil va devant, honte et dommage le suivent. »
>
> Louis XI

Il y a le célèbre chapeau, orné de médailles, le sourire édenté et sardonique, la laideur d'un profil de corbeau coupé par un gros nez rougeaud, les joues flasques, le menton prognathe, le torse noueux et les jambes courtes, dont témoignent un célèbre tableau et une non moins illustre sculpture. Il y a les douves glauques entourant un château lugubre, autour duquel croassent les oiseaux de mauvais augure, les trois cents archers écossais chargés de protéger un roi qui ne se montre guère, les sombres cages où ceux qui ont osé se rebeller contre lui croupissent, ni assis, ni couchés, ni debout, le jardin des pendus, dont les corps se décomposent au fil des saisons et, pour finir, le sang des nourrissons dont certains croient qu'il s'abreuve pour soigner ses innombrables maladies.

Il y a encore la pathétique mort, sous les murs de Nancy,

du Téméraire, probe chevalier vaincu par les manipulations de son machiavélique cousin. Il y a enfin celui que les diplomates ont baptisé « l'universelle araigne » en référence à la plus immonde des créatures, la plus effrayante sans doute, mais aussi la plus fascinante et, probablement, la plus parfaite dans sa conception, le tout sur fond d'écus fleurdelisés, de robes fourrées de petit-gris, de poulaines, de lices de tournois, d'oubliettes, de couleuvrines, d'armures damasquinées et autres indispensables symboles d'un crépuscule moyenâgeux qui, au XIXe siècle, allait faire le bonheur des écrivains romantiques : Walter Scott dans *Quentin Durward*, Victor Hugo dans *Notre-Dame de Paris*, Honoré de Balzac dans *Maître Cornélius* et Alexandre Dumas dans *Charles le Téméraire*, pour ne citer que les principaux.

Telle est, en vertu d'une légende noire, forgée par le romanesque, à laquelle le cinéma, plus tard, apportera son complément pittoresque – ah, la prestation de Charles Dullin dans *Le Miracle des loups* en 1924, et celle de Jean-Louis Barrault dans la reprise de ce film en 1961 ! –, la trouble et inquiétante image de Louis le onzième, sixième souverain de la maison de Valois. Et, comme telle, l'antithèse absolue de celle d'un autre roi de cette lignée, François Ier, comme si l'histoire se plaisait à cultiver les contrastes en les opposant, à la manière du beau et noble Richard Cœur de Lion face à son frère Jean sans Terre, contre l'arbitraire duquel se dresse Robin des Bois.

Sauf que tout cela est, bien entendu, trop simpliste. L'Angleterre, en effet, ne doit pas grand-chose à Richard, qui n'y résida pratiquement jamais et se perdit dans les méandres de ses interminables croisades, alors qu'elle doit beaucoup à Jean sans Terre qui, en signant la Grande Charte d'Oxford, a permis l'harmonieux développement d'un système parlementaire qui allait faire de ce pays la première véritable démocratie du monde, celle dont toutes les autres allaient s'inspirer.

Bien sûr, la France peut s'enorgueillir du brillant règne de François Ier, mais celui de Louis XI lui a peut-être été aussi utile, lui qui évita les guerres autant que possible, ne sacrifia jamais la raison d'État aux aventures inutiles, sut redresser les finances publiques et encourager l'économie par une politique de prudence, de modération et d'investissement à long terme, tout en subordonnant, le premier, les finances publiques au service du pays. Et ce, tout en protégeant les plus faibles de l'arbitraire pouvoir de la noblesse et de l'Église, ces deux forces combinées à travers lesquelles le tiers état naissant commença à chercher une nouvelle voie, protégé par un État désormais impartial et ennemi de la fraude et de la corruption.

Si Louis XI a été si mal jugé, ce fut d'abord parce qu'il ne ressemblait à aucun autre souverain, roi unique en son genre, à l'image de son temps et qui, de toute évidence, se démarquait de ses prédécesseurs comme, du reste, il se démarque de ses successeurs. Car si on pouvait remonter le temps avec une caméra et s'en retourner six siècles en amont, que verrait-on à travers le trou de la serrure de cette salle du château de Plessis-les-Tours où, depuis qu'il l'a acheté en 1463, le roi se tient le plus souvent, non pour se cacher des autres, mais pour ménager sa tranquillité, son intimité d'homme peu friand de la vie de cour ? Certainement pas ce que croient ses ennemis imaginant une sorte de sorcier, avare et pervers, élaborant dans son chaudron les plans les plus diaboliques, alors qu'il ressemble bien davantage à un alchimiste occupé devant son athanor à chercher la pierre philosophale qu'est le bonheur de ses sujets ou, tout au moins, l'idée qu'il s'en fait, c'est-à-dire une certaine forme d'équilibre.

Évidemment, si on se fie aux apparences, avec sa taille plus que moyenne, ses yeux enfoncés dans leurs orbites, son long nez, sa bouche un peu lourde, ses cheveux gris, ses tics nerveux et son inélégance naturelle, il est loin d'être beau, ce que n'arrange pas un teint un peu pâle, conséquence d'une mauvaise santé chronique. Mais son visage ne manque pas de magnétisme, surtout lorsqu'il sourit et veut séduire son entourage, ce dont il est parfaitement capable s'il en éprouve le désir, comme l'ont appris ses maîtresses successives et ses enfants bâtards.

Philippe de Commynes dévoile un autre aspect de lui en écrivant : « Il désirait fort que l'on usât d'une coutume, d'un poids et d'une mesure », laissant ainsi clairement entendre qu'il mérita à plus d'un titre son surnom de « prudent » que lui a accolé la postérité, lui qui fut un besogneux de sa mission, un artisan de son idéal, un chef d'État raisonnable dans une époque qui ne l'était guère, si tant est que la nôtre, aujourd'hui, le soit davantage.

Pourvu de peu de charisme, bien que chevalier, chasseur et homme qui ne refusa pas, sans les chercher obsessionnellement, les bonnes fortunes féminines, Louis XI, qui se méfia toute sa vie des grands et préféra la compagnie des gens modestes, cultiva jusqu'à la fin l'art d'écouter les autres, même s'il lui revint de prendre seul les décisions, en règle générale après une longue réflexion. Administrateur-né et diplomate avisé, il montra une curiosité aussi rare que sincère pour les gens – ne dit-on pas qu'un véritable politique est celui qui s'intéresse aux autres ? – surtout les plus modestes, ainsi qu'aux choses les plus diverses, se passionnant pour les sciences, les techniques de l'économie et de la finance, du moins à la mesure de son temps, ce qui lui avait valu l'autre surnom de « roi des marchands ».

Pieux et même dévot, enfin, il se méfia pourtant de l'Église qu'il garda à bonne distance de sa politique, sachant d'instinct que celle-là ne pouvait, à la longue, faire bon ménage avec l'État. Plus encore, il tenta de réduire l'influence d'une Inquisition dont il mesura parfaitement le fanatisme et les excès, la subordonnant ainsi à la règle sacrée de l'égalité de tous devant l'État, pour ne pas dire la nation, ce terme n'ayant pas alors le même sens qu'aujourd'hui. Enfin, il fit de même avec la noblesse, et plus particulièrement envers cette haute noblesse qui, pullulant sur les décombres de la guerre de Cent Ans, avait fini par se constituer des sortes de royaumes dans le royaume, devenant ces formidables prédateurs caressant le rêve de démembrer une France qu'ils encerclaient dangereusement.

Voilà pourquoi, plutôt que la caricature habituellement tracée de Louis XI, nous préférons l'image qu'en donne ce vitrail de 1438 de la cathédrale Saint-Étienne de Toulouse, le représentant en chevalier idéal, c'est-à-dire en armure fleurdelisée avec un regard serein, ou, mieux encore, cet autre le représentant, cette fois, en roi portant le manteau bleu et la couronne de France, à la cathédrale d'Évreux. Sur l'un comme sur l'autre, le fils de Charles VII apparaît comme un souverain apaisé, en règle avec sa conscience, ce qu'il fut assurément, même si, naturellement, il prit un certain nombre de libertés envers les lois, les structures et les hommes, ce qui était conforme aux vues de celui qui, le premier, fit de l'absolutisme une règle de gouvernement.

C'est un fait bien connu qu'en politique, moins on connaît un homme, plus on a tendance à forger de lui des images négatives, pour ne pas dire de véritables légendes. Louis XI, pas plus que d'autres, n'échappe à cette règle qui veut qu'un grand homme soit forcément terrible, comme naguère Clemenceau, même si les proches du «Tigre» n'ignoraient rien de son humour, de sa tendresse ou de sa générosité, lui qui abandonna sa retraite de parlementaire – qui le sait aujourd'hui? – aux «gueules cassées» de la Première Guerre mondiale. Mais il est vrai que le «Père la Victoire», comme le souverain Valois, pratiquait sans limites l'art de déplaire, sauf bien sûr en petit comité, genre dans lequel excellera plus tard celui qui, sans conteste, fut, après Clemenceau, l'un des grands politiques français du XXe siècle, Pierre Mendès France, quand ses adversaires s'initiaient aux arcanes des médias en gestation, y multipliant les palinodies de cette culture de la communication qui, aujourd'hui, impose ses règles à la vie politique en confondant le fond et la forme. En ce sens, selon la belle formule de Jean Favier, «Louis XI précède de peu Machiavel» et annonce Richelieu, tout en sachant rester lui-même!

La vérité est que ces trois hommes détestaient plus que tout la démagogie et se moquaient éperdument de ce qu'on appelle aujourd'hui «l'image», ce tabernacle de l'ego qui n'apporte rien à la nation, mais tout à ceux qui veulent faire carrière sur son dos. Le lecteur l'aura compris, ce livre ne se veut pas un éloge du «bling bling», mais très exactement de son contraire, un essai, certes sans complaisance mais dépourvu de préjugés, sur un chef d'État totalement impliqué au service de la France mais qui ne se faisait aucune illusion sur la valeur des hommes et la crédibilité de leurs convictions. Il importe non seulement de connaître son œuvre, mais encore de méditer sur une certaine manière d'exercer le pouvoir, dont il serait bon de s'inspirer aujourd'hui.

Au reste, Philippe de Commynes, une fois de plus, ne dit pas autre chose en écrivant : «Entre ceux que j'ai connus, le plus sage pour se tirer d'un mauvais pas en temps d'adversité était le roi Louis onzième, notre maître, et le plus humble en paroles et en habits, qui plus travaillait à gagner un homme qui le pouvait servir ou qui lui pouvait nuire. Et ne s'ennuyait point à être refusé une fois d'un homme qu'il prétendait gagner, mais y continuait en lui promettant largement et donnant par effet argent et état qu'il connaissait lui plaire. Et ceux qu'il avait chassés et déboutés en temps de paix et de prospérité, il les rachetait bien cher quand il en avait besoin, et s'en servait, et ne les avait en nulle haine pour les choses passées.»

Il y a quelques années, à l'occasion d'une élection présidentielle, Jacques Faizant représenta Marianne s'exclamant : «Ah ! mon Dieu ! Redonnez-nous Armand Fallières ! » Et pourquoi pas Louis XI, qui nous rappelle à l'archéologie de notre histoire politique et nous enseigne que seule la rigueur éthique et intellectuelle fait les vrais hommes d'État, et non la médiatique agitation de ceux qui, n'étant rien, croient être quelque chose en multipliant les artifices ? Car, qu'on le veuille ou non, le règne sage et mesuré de Louis XI a permis à la France de sortir des temps difficiles et de quitter le Moyen Âge pour prendre un nouveau départ qui allait la conduire aux portes de la Renaissance, qu'il semble entrouvrir, lui, le contemporain – on oublie trop souvent de le souligner ! – de Léonard de Vinci, de Laurent de Médicis et de Machiavel, même si ce dernier était encore adolescent à la fin de son règne.

Ce temps de la rénovation pragmatique, c'est bien à Louis XI que la nation le doit, peut-être parce que, tout simplement, au-delà des partis, des coteries et des Églises, il sut un jour plaider la cause de l'unité nationale en s'écriant : « Je suis France », ce qui fut probablement le meilleur des programmes. De cela, son historiographe Philippe de Commynes eut parfaitement conscience, en le définissant comme « un roi dont l'esprit travaillait nuit et jour à tracer les routes de l'avenir ». Au-delà du simple désir de plaire à son souverain, il y a manifestement, dans l'esprit de ce témoin privilégié, une incontestable fascination pour un homme finalement unique en son temps, dont l'autorité naturelle est reconnue et acceptée, même si elle est parfois rude, conforme à une époque de fer et de feu.

Naturellement, Louis XI, à l'image de ses contemporains, dont il partageait l'esprit et les préjugés, ne fut ni un cœur tendre ni un esprit angélique, comme il l'a montré en détruisant un à un ses ennemis. Mais si on considère objectivement ses responsabilités, avait-il le choix ? C'est pourquoi, en prologue de sa singulière vie, il ne paraît pas excessif de le considérer comme un juste appliqué à sa tâche, pour qui l'intérêt supérieur est celui de la France, c'est-à-dire, d'une part, le maintien de son intégrité territoriale et, d'autre part, son expansion, qu'incarne le rattachement à la Couronne de la Picardie, de l'Artois, de la Bourgogne, de la Franche-Comté, du Roussillon, du Maine, de l'Anjou et de la Provence. Et peut-être est-ce cette foi – déjà pratiquement laïque, même si le mot n'existe pas encore, et encore moins le concept – qui explique pourquoi celui que les historiens considèrent comme « le roi de l'aube des temps modernes », contrairement à tant d'autres, fut un souverain respecté de tous, tant par la simplicité de sa vie que par la force de son inflexible volonté, lui qui avait fait sa devise de cette maxime puisée aux sources mêmes de la pensée antique, digne en tous points d'un Marc Aurèle : «*Sapiens nihil invitus facit*» («Le sage ne fait rien contre son gré»), ce qui définit bien la plus rare des qualités, le libre arbitre.

1.

Une enfance discrète

> «Le prince doit songer à la condition de son peuple et se mêler à lui souvent, comme un bon jardinier cultive son jardin.»
>
> Louis XI

Des châteaux en ruine, des champs désolés, des populations décimées, l'année 1423 s'inscrit, dans les annales de France, comme une des plus tragiques de son histoire, celle où le royaume des lis, partagé en deux – au nord, les Anglais, au sud, les Français – ne sait plus à quel saint se vouer. Tout stagne dans les campagnes repliées sur elles-mêmes, puisque les routes ne sont plus entretenues, tandis que les loups pullulent dans les forêts que les marchands n'osent plus traverser. Les impôts ne rentrent plus ; l'argent est tout aussi rare que la viande, les fruits et les légumes ; la soldatesque erre en bandes, dans ce grand hiver de neige qui semble ne jamais vouloir finir ; le printemps se fait attendre, et avec lui les maigres récoltes dans les champs détrempés. «Grande est la misère de France», soupirent les anciens, qui se souviennent du sage règne de Charles V dont parlaient leurs parents et que les moines idéalisaient sur ces miniatures colorées représentant d'amples moissons, de beaux tournois ou de galantes réunions de femmes et d'hommes bien vêtus, bien nourris, heureux de vivre dans l'harmonie, comme on les voit dans *Les Très Riches Heures du duc de Berry*.

Et ce n'est pas dans les églises qu'on peut trouver consolation ou réconfort, puisque beaucoup ont été détruites dans les combats de cette interminable guerre, que l'histoire, plus tard, va qualifier « de Cent Ans », dans laquelle on ne sait plus qui règne sur qui, qui légifère sur quoi, qui est habilité à conclure des traités avec les États étrangers n'envoyant plus d'ambassadeurs dans cette nation déchirée, qui vit en autarcie. En ce début du XVe siècle, la France stagne, repliée sur elle-même. Elle ignore tout des autres États et de leurs chefs, tels Yongle à la tête de la Chine ; Shoko, du Japon ; Barsbay, de l'Égypte ; Manuel II, de Byzance ; Sigismond, de l'Allemagne ; Ladislas II, de Pologne ; Jean II, de Castille ; Alphonse V, d'Aragon ; Jean Ier, du Portugal ; Jacques Ier, d'Écosse ; elle ne s'intéresse pas davantage au doge de Venise, Francesco Foscari, ni au pape, en fait l'antipape, Benoît XIII, puisqu'elle ne croit plus guère ni en elle-même ni à son image dans le monde.

Et pourtant, au moment où chacun se désespère, comme dans un conte de fées, au début de l'été enfin venu, à Bourges, une princesse achève paisiblement sa grossesse, à la manière d'une promesse d'avenir, même si les pauvres manants l'ignorent, eux qui, les yeux rivés sur le sol, continuent de gratter cette terre pour en tirer, chaque jour, de quoi ne pas mourir de faim. Certains êtres, en effet, commencent leur destin lorsque tout est perdu. Et peut-être est-ce justement ce qui les pousse, un jour, à être plus en phase que d'autres avec l'esprit de la nation, plus aptes à trouver les solutions à ses problèmes, plus réactifs, comme on dirait aujourd'hui. Tel fut sans doute le cas de ceux qui, nés en 1814, en 1870 ou en 1940, ont éprouvé un jour le besoin d'œuvrer dans l'espoir. Ainsi vient au monde le futur Louis XI, le 3 juillet 1423 dans l'hôtel épiscopal de Bourges à trois heures de l'après-midi, quand, tout autour des siens, se délite, pour ne pas dire s'effondre, au terme d'un terrible enchaînement de circonstances, ce qui pour beaucoup était naguère le plus beau des royaumes, aujourd'hui réduit à néant, ou presque.

Loin d'être encore le Charles VII auquel la postérité va donner le surnom de « Victorieux », son père, à peine âgé de vingt ans, n'est encore que le pauvre « Dauphin de Bourges », que tout semble avoir abandonné alors qu'il devrait régner à Paris, dans ce Louvre construit par son aïeul, depuis que la Couronne a été dévolue à ce qu'il est convenu d'appeler la maison de Valois. Celle-ci, en effet, est issue du frère de Philippe le Bel, Charles, le père du premier roi de cette branche cadette de la famille capétienne, Philippe VI. Après lui régnèrent son fils, l'impétueux Jean II, dit « le Bon », son petit-fils, le raisonnable Charles V, dit « le Sage » et enfin l'imprévisible Charles VI, d'abord dit « le Bien-Aimé », puis « le Fol », dès lors qu'il perdit la raison en traversant la forêt du Mans. Tous furent confrontés aux aléas de cet interminable conflit, qui n'est pas réglé – tant s'en faut ! – lorsque le futur Louis XI voit le jour.

Cette guerre, en effet, a multiplié les malheurs de la France, à partir du moment où Charles VI, le propre grand-père de Louis XI, perdit la raison, en prologue aux années terribles où des milliers de Français moururent de faim – la population de Paris passa de 200 000 habitants à 100 000 ! – et où le cannibalisme se généralisa dans les campagnes. Ce fut d'abord l'effacement du roi au profit de ses oncles, les ducs de Berry, de Bourgogne et d'Anjou, qui mirent le pouvoir en coupe réglée, laissant un peu partout s'installer une anarchie qui enfanta la guerre civile, dont la célèbre lutte entre les partisans du comte d'Armagnac et ceux du duc de Bourgogne fut le symbole le plus emblématique, avec son long cortège de meurtres, de viols et de pillages, et, pour finir, le basculement de Paris dans le camp des ennemis du Dauphin.

Ce fut ensuite le désastre d'Azincourt, survenu le 25 octobre 1415, ce jour où la fleur de la chevalerie française s'effondra dans la boue et le sang, face à une armée anglaise moins nombreuse mais infiniment mieux préparée. Ce fut enfin le traité de Troyes, signé le 21 mai 1420, par lequel Henri V d'Angleterre devint roi de France, « pour toujours », et ce avec la complicité de la reine Isabeau de Bavière, femme de Charles VI, ayant déclaré que son propre fils n'était qu'un bâtard. En quelque sorte, et certes toutes proportions gardées, ce que la France venait de vivre, elle le revivrait, bien des années plus tard, après la débâcle de juin 1940, avec un territoire occupé au nord et un territoire « libre », au sud, même s'il serait absurde, malgré une relative proximité géographique, de comparer le Bourges de Charles VII avec le Vichy du maréchal Pétain.

« Le royaume allait de pis en pis, écrivit alors un bourgeois de Paris ; et le nom de désert lui eût mieux convenu que celui de France. » Tout était dit ! Et pourtant, malgré tant d'épreuves, le père du futur Louis XI avait quelques raisons d'espérer, puisque Henri V n'allait pas profiter longtemps de sa couronne de France. Mort deux ans plus tard au château de Vincennes, le 31 août 1422, ce dernier ne laissa pour héritier qu'un enfant en bas âge, pour le compte duquel le duc de Bedford exerça la régence. Le père du Dauphin de Bourges, Charles VI, ayant suivi son gendre dans la tombe deux mois après, son fils se proclama roi sous le nom de Charles VII et la naissance de ce fils, dans cette cité où il s'était réfugié avec quelques fidèles, constituait un signe encourageant après la déroute de ses dernières troupes à Cravant, face aux Anglo-Bourguignons.

En ce temps de profonde religion – et même de superstition ! – où l'irrationalité de la foi explique l'inexplicable, un roi de vingt et un ans abandonné de tous, ou presque, ne peut qu'y voir un signe de la providence, qui fait alors office de destin en lui apportant non seulement un fils, mais encore un Dauphin qui, le temps venu, ceindra la couronne à son tour. Et ce, au nom de cette primogéniture mâle constituant une des lois fondamentales du royaume. Voilà ce qu'annoncent gaiement les cloches carillonnantes, à Bourges certes, mais aussi dans les autres villes qui, de ce jour, vont progressivement se rallier au roi français.

D'où la joie de Charles VII remerciant le ciel de l'heureuse délivrance de la reine Marie d'Anjou, cette frêle jeune fille de vingt et un ans qui accouche au terme de la première de ses quatorze grossesses. Sans nul doute, il a bien fait d'épouser cette femme de devoir, dont la mère, Yolande d'Aragon, une grande intelligence politique, a longtemps été son seul soutien avant de faire de lui un roi à part entière en le formant progressivement aux subtilités de la politique. Lui, le fils du roi fou, eut en effet pour maître la plus sage des femmes ! D'où cette fierté que ce très jeune monarque met dans le faire-part adressé aux quelques villes et provinces qui lui restent acquises. D'où encore la ferveur qu'il manifeste envers le Très-Haut, lorsque, le lendemain, le 4 juillet, il assiste au baptême de l'enfant, célébré en la cathédrale Saint-Étienne par Guillaume de Champeaux, évêque de Laon, avec celui qui fait office de parrain, Jean d'Alençon, le futur « gentil duc » de Jeanne d'Arc et celle qui fait office de marraine, Catherine de l'Isle-Bouchard, comtesse de Tonnerre, épouse d'un des plus proches conseillers du Dauphin.

Ce jour, le bébé reçoit le prénom de Louis, en référence au plus illustre de ses ancêtres, Louis IX, dont l'Église a fait un saint et qui, depuis, selon les mentalités de l'époque, est considéré comme le modèle des rois, mais aussi en référence à son aïeul Louis d'Anjou, chef de cette prestigieuse maison féodale, dont il vient par sa mère. Plus concrètement – mais c'est encore indispensable ! – on procure au petit Louis une nourrice, Jeanne Pourponne, chargée de l'alimenter, et une « berceresse », Clémence Fillonne, car, pour leurs premières années, les princes sont confiés aux femmes avant de l'être aux hommes peu avant leur puberté. Enfin, puisque la place des enfants dans les familles royales est nulle ou presque, et aussi parce qu'il faut assurer leur sécurité en ces temps d'incertitude, on l'installe au château de Loches à la tête duquel se trouve Jacques Trousseau de Boistrousseau. Il se retrouve ainsi sous la surveillance d'une maison modeste, compte tenu du peu de revenus dont dispose son père.

Faut-il déjà tirer des conclusions psychanalytiques sur cette enfance solitaire, comme les historiens l'ont fait jusqu'ici, voulant expliquer le caractère du futur Louis XI par le fait que, reclus dans son château, il ne vit que très rarement son père et sa mère ? Peut-être, mais ce sont là les mœurs de l'époque, surtout pour les enfants de haut parage, élevés loin de leurs géniteurs, sans marques d'affection apparentes. Cet état de fait durera longtemps encore, jusqu'à la fin du XVIIIe siècle, où, grâce à Jean-Jacques Rousseau, on révisera cette opinion. En attendant, rien ne prouve que l'enfant ait souffert de quoi que ce soit ou ait subi de quelconques privations, même si, naturellement, il ne connaît ni le luxe ni les facilités d'une éducation princière ordinaire, l'argent étant alors trop rare à la cour de Bourges. Nul excès de table, ni de vêtements, ni de meubles, donc, mais une vie saine avec tout le nécessaire et aucun superflu.

Après tout, deux siècles plus tard, l'enfance d'Henri IV, au château de Coarraze, près de Pau, en Béarn, ressemblera assez à celle de Louis XI, à Loches, en Touraine, avec son cortège de valeurs traditionnelles sur fond de bon air campagnard, de liberté relative et de modestie non feinte. Ses premiers interlocuteurs ne sont pas les courtisans, mais les paysans des environs qu'il rencontre et avec lesquels il parle lorsqu'il se promène ou s'initie à la chasse. Là, il prend l'habitude, sinon de se croire l'égal de ses interlocuteurs, du moins de s'appuyer sur le juste milieu social comme sur le juste milieu politique. Comme le fera remarquer Commynes : « Il était naturellement ami des gens de moyen état et ennemi des très grands. »

En fait, il faudra vraiment attendre le romantisme pour imaginer que l'austère architecture du château de Loches, construit au XIe siècle par Foulque Nerra, comte d'Anjou, ait pu avoir influencé le caractère d'un futur souverain qui, jusqu'à son dernier jour, préférera la province à Paris, la campagne à la ville, les gens simples aux grands du royaume et peut-être même, à la compagnie des hommes, celle des animaux – les chiens, les belettes, les oiseaux surtout, qui demeureront ses compagnons préférés et ses ultimes confidents sans doute, à une époque où, naturellement, l'homme vit encore en prise directe avec la nature.

Dans le même temps, le jeune prince passe sous la coupe du gouverneur qu'on lui a choisi, Guillaume d'Avaugour, issu des officiers de la maison d'Anjou, et futur bailli de Touraine, chargé de lui inculquer les traditions militaires, en un mot, de faire du futur roi un parfait chevalier. L'assistent également un médecin, Guillaume Léothier, chargé de veiller sur sa santé, et un précepteur, Jean Majoris, chargé de son instruction. Licencié en lettres et chanoine de Rouen, ce jeune clerc possède un réel talent de pédagogue et, fort du programme qu'a édicté pour lui Jean Gerson, ancien chancelier de l'université de Paris, met en application un certain nombre de principes pour lui donner le goût de l'étude et lui inculquer le respect de la religion, sans jamais recourir à la contrainte ou aux châtiments corporels.

Avec l'aide de Jean d'Arcouville, son adjoint, Jean Majoris apprend à Louis à lire et à compter – les deux premiers fondamentaux du Moyen Âge. On le voit s'intéresser rapidement à la grammaire, à la rhétorique, à l'histoire, aux mathématiques et aux sciences, même si ces dernières sont bien limitées au XVe siècle et vont le rester jusqu'à une Renaissance que Louis XI ne verra pas, mais qu'il pressentira. La flatterie ayant été proscrite dans son entourage, il n'acquiert nulle morgue et se forge, au fil des jours, la conviction que même s'il est destiné, un jour, à régner, il sera d'abord subordonné à son devoir de futur roi et à sa soumission totale à la volonté de Dieu. Ne fera-t-il pas, plus tard, de Jean Majoris son confesseur ? Cela montre la très grande proximité entre le futur roi et son formateur.

En 1435, alors qu'il approche de sa douzième année, c'est-à-dire l'âge de raison, Louis prend ses quartiers au château d'Amboise où réside sa mère, qu'il apprend à connaître, de même que ses frères et sœurs puînés – du moins ceux sur les treize qui ont échappé à une mort en bas âge –, en particulier Radegonde, Catherine, Yolande, Jeanne, Madeleine et Charles, son incontrôlable futur rival. Comme le veulent tout à la fois les usages du temps et sa condition d'héritier du trône, il poursuit là ses humanités, mais effectue aussi son apprentissage de chevalier – perfectionnement de son assiette à cheval, adresse dans le maniement de l'épée, de la lance et de l'arc –, tout en se familiarisant avec les arts de cour – musique, danse, blason –, dont l'importance à l'époque est extrême, même si elle pourrait nous paraître aujourd'hui anecdotique.

Pour achever ce cursus, il ne lui reste plus qu'à se marier, ce qu'il fait le 25 juin 1436 au château de Tours, où, après trois ans de négociations, il lie son destin à celui de la princesse Marguerite d'Écosse. Fille du roi Jacques Ier et de la reine Jeanne Beaufort, elle vient juste de débarquer à La Palice après une traversée quelque peu périlleuse, durant laquelle la flotte anglaise a tout tenté pour l'empêcher d'arriver à bon port. Durant la cérémonie, les deux enfants désormais époux tentent de faire bonne figure, lui dans sa tunique de velours bleu brodé d'or, portant l'épée que son beau-père lui a offerte, elle timide dans sa robe de soie. Comment oublier qu'ils n'ont respectivement que treize et onze ans ? À l'issue du grand banquet offert en leur honneur, les nouveaux mariés sont séparés, chacun devant encore grandir et finir son éducation. Celle de Marguerite est directement assurée par sa belle-mère la reine qui, chaque jour, va lui apprendre tout ce qu'une future souveraine doit savoir.

Cette union constitue, pour Charles VII, un beau succès diplomatique, puisque non seulement elle contrarie particulièrement son ennemi le roi d'Angleterre, mais encore elle prouve qu'au fil du temps, sa situation s'est nettement améliorée ; en effet, quelques années plus tôt, personne n'aurait osé s'allier avec un homme dont d'aucuns pensaient qu'il était sans avenir. Le cortège de ses partisans s'accroît ainsi significativement. Désormais, il bénéficie de l'appui de quelques feudataires du Sud, parmi lesquels les ducs d'Anjou, de Bourbon et d'Orléans, les comtes de Foix-Béarn et d'Armagnac.

À compter de cette date, le destin tourne en sa faveur. En premier lieu avec la progressive reconquête des territoires du Nord jusque-là contrôlés par ses ennemis, puis avec la signature du traité d'Arras, par lequel il conclut la paix avec le duc de Bourgogne, enfin avec la reconquête de Paris, en 1436. Le roi, de ce fait, est-il le « Victorieux » ou mieux, comme le suggère son second surnom « le Bien Servi » ? Il est clair que cet homme peu séduisant, qui plus est indécis, hésitant et volontiers dissimulé, bénéficie d'un entourage d'une rare qualité, en particulier les femmes qui escortent sa vie : son épouse, la subtile Marie d'Anjou ; sa belle-mère, l'énergique Yolande d'Aragon ; son ange gardien, la tenace Jeanne d'Arc ; plus tard sa maîtresse, la très désirable Agnès Sorel.

Quels échos parviennent à Loches de cette reconquête du royaume ? On l'ignore, puisque le futur Louis XI n'y fera jamais la moindre allusion, pas même à cette singulière héroïne qu'il a pourtant rencontrée : une certaine pucelle avait traversé Loches, après la prise d'Orléans, pour venir saluer le prince héritier de sept ans qui, jusqu'à la fin de ses jours, allait songer à cette entrevue, mais sur laquelle, assez curieusement, il ne dira jamais rien.

Éduqué, marié à la descendante directe du déjà mythique Robert Bruce, dont il arbore désormais l'épée – offerte par son beau-père –, Louis est désormais pourvu d'une maison dirigée par l'austère et pieux Bernard d'Armagnac, comte de Pardiac, l'un des frères du fameux comte d'Armagnac, adversaire du duc de Bourgogne. Il a un confesseur, son ancien précepteur Jean Majoris ; un médecin, le sieur Léothier ; un chambellan, Amaury d'Estissac ; un secrétaire, Pierre Georges (remplacé ultérieurement par Jean Bourré) ; un maître d'hôtel, Jean de Gamaches ; un financier, enfin, Guillaume Goyer. Ainsi assisté, le futur Louis XI pourrait, en apparence, passer pour un prince accompli. Pourtant, après une enfance discrète, c'est bien une jeunesse ingrate qu'il semble vivre. Lui qui n'a jamais vraiment connu son père assiste, impuissant, à l'élargissement du fossé qui les sépare et qui semble se creuser davantage encore à l'heure où le souverain s'impose comme le maître du royaume et renvoie son héritier de fils à une obscurité inversement proportionnelle à sa nouvelle gloire.

Il a été beaucoup dit et beaucoup écrit que le futur Louis XI n'aimait pas son père, alors que, semble-t-il, ce fut plutôt le contraire qui détruisit le lien unissant les deux hommes. Charles VII, personnage semble-t-il très complexe, onzième enfant d'un roi fou et d'une mère qui alla jusqu'à affirmer que son dernier fils était un bâtard, traînait, comme on dirait aujourd'hui, un lourd passé de frustration. Et probablement était-ce lui qui n'aimait pas son fils, parce que, d'après certains, il était physiquement mieux bâti que lui et intellectuellement plus doué. Fils indigne ou père indigne ? Il est difficile de trancher, un demi-millénaire plus tard, dans un conflit jusque-là larvé qui, bientôt, va dresser l'un contre l'autre ces deux hommes si différents.

Rebelle, comme le sont souvent les adolescents les plus intelligents, le Dauphin ne pourrait-il pas s'exclamer, comme son parent Charles d'Orléans, fait prisonnier par les Anglais et qui devint poète à la Tour de Londres : « Je suis celui au cœur vêtu de noir » ? C'est en tout cas ce qu'exprime le premier portrait le représentant, cet extraordinaire dessin au crayon du *Recueil d'Arras*, le montrant à cette époque dans un manteau fourré, la « coupe au bol », les mains se joignant pour chercher de l'assurance, le nez aquilin semblant frémir d'impatience, le regard profond et assuré de celui qui croit en son destin, même s'il le pressent difficile ou complexe. Il se considère en tout cas comme différent de son père : plus indépendant, plus intelligent, mais aussi plus agressif. Le Dauphin, en effet, dissimule mal son hostilité à l'égard des conseillers du roi et surtout de sa maîtresse en titre, Agnès Sorel. La suite est aisée à envisager : lorsqu'il sera le maître, il sera difficile de le contredire, de lui déplaire et de lui résister, que l'on soit mâle ou femelle, la gent féminine sachant d'instinct que, malgré les charmes dont elle dispose, il ne se laissera jamais fléchir. Déjà les deux camps fourbissent leurs armes : d'un côté ceux qui envisagent la possibilité qu'il ne règne jamais, si on parvient à lui substituer son cadet, de l'autre ceux qui s'attachent à ses pas pour, le moment venu, être du bon côté. Malheur à ceux qui auront fait le mauvais choix ; malheur à ceux qui lui auront nui ; malheur à ceux qui l'auront raillé : ils n'auront pas assez d'une vie pour regretter leurs méfaits.

2.

Le Dauphin dans l'ombre du père

« Plus grande chose est de savoir seigneurer sa volonté que de seigneurer le monde. »

Louis XI

La longue colonne progresse dans la lumière un peu pâle d'une fin de printemps, à l'heure où les premiers rayons de soleil réchauffent la terre trop longtemps gelée. C'est le bon moment pour voyager ; mieux vaut éviter, autant que possible, de se déplacer l'hiver. Lentement, les sabots des lourds chevaux marquent le sol de leur empreinte, suivant docilement le premier d'entre eux, que monte le connétable de France, portant toute droite l'épée. Chacun le sait, le roi aime voyager et participer à ce vaste mouvement de gens d'armes, chevaliers, écuyers, archers, mais aussi clercs, médecins et serviteurs en grand nombre, qui sillonne la France. Qui à pied, qui sur un de ces nombreux chariots bâchés transportant les meubles dont le souverain a besoin, mais aussi les vivres et les archives, ainsi que les tentes pour abriter tout ce monde lorsque aucun logement n'est en vue, bien qu'on envoie toujours des éclaireurs, un ou deux jours en avance, pour repérer un château hospitalier ou une ville capable d'héberger, sinon ce vaste convoi, du moins le roi et ses proches.

Inlassablement, dès le retour des beaux jours, le roi de France quitte les rives de la Loire pour s'en aller, au nord, au sud, à l'ouest ou à l'est, cheminer par les routes, les champs et les bois, à la rencontre de ses sujets dont il attend, non seulement le gîte et le couvert, mais encore les contributions qui lui sont nécessaires pour administrer son État et conduire la guerre contre ses ennemis. Charles VII n'échappe pas à cette règle nomade, qui veut que, à l'instar des Bédouins dans le désert, le souverain est contraint de se déplacer, ce qui est parfois agréable, mais aussi, assez souvent, source de contraintes, lorsqu'il pleut, qu'il vente, qu'il neige ou que la nourriture se fait rare. Voudrait-il rester tranquillement chez lui qu'il ne le pourrait pas. En un temps où les médias n'existent pas, il lui faut se montrer s'il veut affirmer son autorité, tant sur les gueux en haillons qu'il croise sur les routes et qui le contemplent fascinés, que sur les échevins des corps de villes l'attendant à genoux, lorsqu'il entre chez eux, pour lui offrir les clés de la cité.

Mais, depuis quelque temps, parmi ceux qui entourent le roi, reconnaissable à la prestance de son cheval, à la richesse de ses vêtements et aux prévenances de ceux qui l'entourent – chancelier, capitaines ou favoris –, se trouve un jeune homme qui, le plus souvent, chevauche respectueusement derrière sa monture. Pour autant, ceux qui l'aperçoivent reconnaissent sans peine le fils du roi, avec lequel il a en commun ce long nez caractéristique des Valois, dans lequel les femmes, loin d'y voir un défaut, reconnaissent un signe de virilité apprécié. Perçoit-on une complicité entre les deux hommes ? Non ! L'observateur le moins attentif voit que si Charles VII invite le Dauphin à le suivre, ce n'est certes pas pour l'honorer de sa confiance, mais bien plutôt pour le surveiller, le contrôler, le garder sous sa coupe.

Certes, répétons-le, l'ancien roi de Bourges n'éprouve guère, pour son fils, l'amour que celui-ci serait en droit d'attendre. Mais il ne peut tout de même pas nier son existence et encore moins l'empêcher de se préparer à devenir, un jour, roi de France. C'est pourquoi le roi commence à le faire figurer dans sa suite, lorsqu'il voyage dans les provinces qui, progressivement, reconnaissent son autorité, à mesure que les Anglais évacuent le territoire. Une première expédition les conduit ainsi, l'été 1436, dans les provinces du Sud qui avaient toujours été fidèles à la cause des Valois : l'Auvergne, le Lyonnais, le Dauphiné et le Languedoc, où, à Montpellier, le souverain assiste aux réunions des pays d'État.

À ses côtés, il effectue donc son entrée solennelle dans ses bonnes villes, tout en instaurant une coutume que tous les chefs de la maison de Valois vont respecter jusqu'aux trois derniers d'entre eux, les enfants d'Henri II (François II, Charles IX et Henri III) : arpenter le royaume pendant des mois – parfois des années ! – en compagnie de toute leur cour et de leur gouvernement, comme une longue caravane déployée, vivant sur le terrain, éblouissant leurs sujets par la magnificence de leurs équipages, de leurs chevaux, de leurs costumes, de leurs banquets, de leurs chasses, de leurs tournois.

Ce genre d'expéditions, par lesquelles Louis apprend son futur métier de roi, a aussi pour but, non seulement de familiariser le monarque avec ses sujets, qui n'obéissent pas à un roi virtuel, mais encore de leur demander de l'argent, puisque, en un temps où l'État n'est pas organisé pour lever les impôts – il ne le sera jamais véritablement jusqu'à la fin de l'Ancien Régime – la Couronne est toujours à court de liquidités, y compris lorsqu'il s'agit de faire face aux dépenses les plus ordinaires. Dans les années suivantes, le Dauphin sera ainsi amené à arpenter les différentes provinces pour demander des subsides aux États, menant seul la négociation avec les représentants du clergé, de la noblesse et du tiers état, s'habituant dès ce qu'on appellerait aujourd'hui « l'adolescence », à discuter d'arrache-pied avec les responsables et autres « décideurs » du royaume.

C'est la meilleure école pour, le moment venu, gouverner le plus grand royaume d'Europe, qu'il connaîtra bientôt mieux que quiconque, malgré les difficultés de déplacement à l'époque, puisque les routes ne sont qu'embryonnaires et praticables qu'à la belle saison, de jour naturellement, personne ne s'y risquant après le coucher du soleil. De Tours, où les bandes d'« écorcheurs » terrorisant la région s'éparpillent à l'approche du cortège royal, Charles VII et son fils gagnent Gien, où le roi s'établit, autorisant Louis à faire ses premières armes en assistant le comte de la Marche dans le siège de Château-Landon.

Au mois de juin, le jeune prince désireux de s'illustrer, ordonne l'assaut. Impressionnés par la fermeté du jouvenceau, les Français s'élancent et sortent vainqueurs de l'affrontement, notamment grâce aux archers, galvanisés par la présence du Dauphin qui n'a pas hésité à monter au feu. Griserie de la victoire ou inexpérience des règles de chevalerie, toujours est-il qu'il donne un ordre particulièrement malvenu : il fait pendre la garnison anglaise et décapiter tous les Français qui avaient rejoint l'ennemi ! Se rend-il compte de son erreur ? Sans doute, puisque quelques mois plus tard, au siège de Montereau dans lequel il joue à nouveau un rôle actif, il épargne, cette fois, les soldats anglais et se contente de faire pendre les Français félons, montrant par là que la politique s'apprend tous les jours et, avec elle, cette mansuétude qui fait partie de ce qu'on appellerait de nos jours la « communication politique ».

Un roi, à cette époque, doit savoir pardonner à ses ennemis du jour qui – il est vrai – peuvent devenir ses alliés de demain. Fort de l'expérience de ces deux victoires, dont il peut revendiquer la paternité, le futur Louis XI en gagne une autre, peut-être plus difficile encore... Le soir de son retour de Montereau, dit-on, avec l'idée légitime qu'un chevalier, si jeune soit-il, se doit d'être un homme, il force la porte de sa jeune épouse, dont il est séparé depuis son mariage, son lit ensuite, sa virginité enfin.

Le roi ne saurait se désintéresser de sa capitale, libérée depuis un an déjà par le connétable de Richemont, et qui, depuis, attend son maître légitime. Ce n'est pourtant qu'à l'automne suivant que Charles VII y fait son entrée officielle, le 12 novembre 1437, après s'être recueilli, à Saint-Denis, sur les sépultures de ses ancêtres.

Pendant trois semaines ce ne sont que fêtes, repas, harangues et audiences, à l'issue desquels le roi et sa suite reprennent le chemin de Tours, au grand désappointement des Parisiens qui, jusqu'au bout, avaient espéré que leur souverain s'établirait dans leurs murs. Comme nombre de ses prédécesseurs et de ses successeurs – jusqu'à Louis XVI qui n'y reviendra que contraint et forcé –, Charles VII se méfie de cette cité prompte à la révolte, à la rébellion, voire à la trahison. Le futur Louis XI partage d'ailleurs totalement ce sentiment, puisqu'il ne fera tout au long de son règne que de rares apparitions à Paris, et cela d'autant plus que, pendant de longues années, les Parisiens pencheront du côté bourguignon.

D'où ce repli sur les douces rives de la Loire, où le père et le fils passent l'hiver, avant de reprendre au printemps 1438 leurs voyages dans les provinces du Sud, faisant de longues étapes à Limoges d'abord, à Toulouse ensuite, à Albi enfin, où Louis, investi du titre de lieutenant général, parvient à régler pacifiquement le problème des écorcheurs, en les achetant, selon une méthode généralisée à cette époque, s'assurant par là même leur fidélité. C'est un fait : tout au long de cette mission, moins facile qu'il n'y paraît, le Dauphin a su montrer ses capacités d'écoute et d'observation dans un contexte difficile, celui de la profonde misère des campagnes de France ravagées par les écorcheurs et pressurées par la noblesse féodale, tout en se demandant quel est le pire fléau des deux.

Rappelé ensuite par le roi, Louis rejoint Tours en prenant le chemin des écoliers, comprenant que si son père veut l'avoir sous la main, ce n'est pas pour lui témoigner son intérêt, mais pour l'empêcher de conspirer. Toujours brûlant de faire ses preuves, il réclame alors le gouvernement du Dauphiné, qui lui est refusé, mais obtient le titre de lieutenant général pour le Poitou, avec pour mission d'y mater la rébellion qui s'y était levée. Il y parvient rapidement, une fois de plus grâce à son autorité naturelle sur les troupes et à sa capacité d'écoute face à des adversaires qui, le plus souvent, se rallient à sa cause.

Incontestablement, tout au long de ses missions, il a montré sa compétence, ce qui, pourtant, n'empêche pas que son père le soupçonne, naturellement sans le lui dire, de vouloir conspirer contre lui. Il est vrai que Louis ne tarde pas à se lier plus ou moins ostensiblement à quelques personnalités suspectes, comme le duc de Bourbon, l'un des plus grands feudataires du pays, et son complice, le duc d'Alençon. Tous deux, au mois de février 1440, ourdissent un nouveau complot, dans lequel trempent encore Dunois (le bâtard d'Orléans), Georges de La Trémoille, le maréchal de La Fayette, les frères de Chabannes et le bâtard de Bourbon. Leur but : sinon éliminer le roi, du moins le placer sous tutelle.

Cette conspiration, que l'histoire a retenue sous le nom de « Praguerie », en référence à la révolte des nobles de Bohême contre l'empereur Sigismond, en 1419, est un échec. Le Dauphin, en mauvaise posture, n'hésite cependant pas à négocier avec son père, allant jusqu'à exiger de ce dernier un gouvernement et une pension plus conséquente que celle qui lui était jusque-là allouée. Se retrouvant vite seul face à Charles VII – l'un des ducs félons ayant même été jusqu'à signer une paix séparée avec le roi ! –, il ne reste plus à Louis qu'à faire sa soumission en se présentant à genoux devant son père, afin de solliciter humblement son pardon, que ce dernier lui accorde en le prévenant toutefois qu'en cas de récidive, la France se trouvera un autre Dauphin.

Et ce n'est pas tout ! Louis doit encore accepter le remplacement de tous les officiers de sa maison par des hommes acquis au roi, à l'exception de son cuisinier et de son confesseur. Cette fois-ci, le jeune prince n'est plus seulement dans l'ombre de son père ; il est désormais son otage, condamné à un rôle de figurant, tel que le représente une enluminure de l'époque, à côté du roi, assis sur le trône, à obéir sans discuter, rongeant son frein en silence. Bref, tout ce que déteste ce jeune homme actif, ambitieux et sûr de lui, un peu trop sans doute, lui qui, malgré ses talents évidents, a encore besoin d'apprendre. Ne reconnaît-on pas, dans cette situation, celle du futur Frédéric II de Prusse, lui aussi contraint de « faire les quatre volontés » de son père, avant de devenir à son tour un grand roi ?

Respectueux, tout du moins en apparence, le Dauphin, s'il ressent une grande humiliation de toute cette affaire, comprend cependant que, d'une part, il ne sert à rien d'attaquer de front en politique, et que de l'autre, on ne peut pas compter sur les grands du royaume qui à tout moment peuvent changer d'idée ou de comportement. C'est la première leçon qu'il retire de cette amère expérience ; il ne l'oubliera pas. Pour l'heure, il ne lui reste qu'à composer, montrer bonne figure et ne plus se faire remarquer au sein de la suite qui accompagne le roi en Lorraine. On le voit donc à Paris, où Charles VII l'envoie pour y lever la taille, puis, l'été 1441, aux sièges de Creil et de Pontoise, opérations prestement montées pour reprendre la Normandie, dont les deux cités étaient considérées comme les portes.

On le remarque encore, au printemps 1442, à l'expédition de Guyenne, qui lui permet de s'emparer de Dax avant d'effectuer, quelques semaines plus tard, son entrée officielle à Toulouse aux côtés du roi, l'un et l'autre continuant d'arpenter inlassablement la France, mais chacun de son côté, évitant ainsi de se rencontrer.

Pendant le cours des années 1443 et 1444, de La Réole à Tulle, de Montauban à Poitiers, de Paris à Compiègne, il est toujours très actif, chevauchant de l'ouest au sud, guerroyant contre les Anglais, puis contre le comte d'Armagnac qui s'est révolté contre le roi, sans toutefois remporter une victoire décisive qui aurait pu changer le cours de l'histoire. Certes, de Dieppe, qu'il parvient à délivrer de haute lutte du siège que Talbot lui avait imposé, à Rodez, dont il obtient la capitulation, en passant par L'Isle-Jourdain, dont il s'empare, il marque quelques points, mais cela ne change pas fondamentalement la donne : les Anglais, se déplaçant un jour ici, un autre ailleurs, continuent de piller le pays.

Tout au long de ces aventures, Louis peaufine incontestablement son initiation à la stratégie militaire, tout en se familiarisant avec les soldats et leurs officiers, avec lesquels il manifeste, et manifestera toujours, un comportement complice et familier, se faisant particulièrement apprécier d'eux, et cela d'autant plus que – contrairement à son père qui n'a aucune qualité de chef de guerre et préfère la vie de cour à celle des camps – il ne manque ni de courage ni d'audace. L'héritier du trône des lis s'impose donc, au fil des années, comme un authentique chevalier, dont nul ne conteste la valeur et dont beaucoup pensent déjà qu'il sera un grand roi capétien.

À Dieppe, en effet, chacun a pu apprécier son audace lorsqu'il s'est élancé sous une pluie de flèches ; et, après la libération de la ville, tous ont remarqué l'intérêt qu'il a porté au petit peuple, interrogeant longuement les pêcheurs sur leur métier. En Rouergue puis en Languedoc, en revanche, il n'échappa à personne que ce fut sans aucun état d'âme qu'il frappa le comte d'Armagnac, coupable de rébellion, confisquant ses terres, s'emparant de ses meubles, de ses tapisseries et de tous ses joyaux.

Il est désormais évident que les chevauchées, la vie au grand air, le vent des sièges et des batailles, mais aussi le contact direct avec les travailleurs et les paysans conviennent parfaitement à son caractère. Ce n'est décidément pas l'hypocrisie de la vie de cour qui requiert son attention, mais bien la seule authenticité pouvant être de mise à la guerre ou dans les voyages au cœur de ce que notre époque appelle la « France profonde », et la langue politique d'aujourd'hui le « terrain ».

Finalement, c'est par une trêve voulue par les deux parties que la guerre de Cent Ans s'interrompt pour quelque temps, puisque les Anglais, bientôt minés par les prémices d'une guerre civile, dite « des Deux-Roses », venant troubler le règne du pâle Henri VI, sont désormais incapables de la poursuivre, tandis que les Français, épuisés par tant d'années de combats, cherchent à souffler et à reconstituer leurs forces. D'un commun accord, la guerre est donc suspendue et le gros des troupes anglaises quitte le territoire. La paix revient et chacun en jouit, tandis que Louis arbore, du moins en apparence, le visage serein du fils prodigue revenu à la raison. Cela lui vaut un siège au Conseil du roi où, après les affaires militaires, il se familiarise désormais avec celles du gouvernement, même si le plus souvent il se tait, écoute et observe, comme il le fera jusqu'au soir de sa vie, après avoir totalement dompté son impatience naturelle.

Puisqu'on est désormais en paix, le roi lui confie, l'été 1444, la plus singulière des missions : diriger les troupes que, en vertu d'un traité récemment signé, il envoie en renfort à l'empereur d'Allemagne en guerre contre les Suisses. Et quelles troupes ! Celles composées des fameux écorcheurs qui ont si longtemps ravagé le pays et dont on espère ainsi se débarrasser. À la manière du joueur de flûte faisant quitter le pays aux rats grâce à son instrument magique, le Dauphin, entouré tout de même d'un état-major étoffé, que dirige Jean de Bueil, ainsi que de mille cavaliers, prend la tête de ces 25 000 bandits de grand chemin, armés jusqu'aux dents et attirés par le mirage de pillages qu'on leur a fait miroiter. Pour commander ces soldats mercenaires, castillans, écossais, lombards, bretons, français, il fait appel à pas moins de 140 capitaines venus d'horizons les plus divers.

De Langres, où l'armée s'est rassemblée le 20 juillet, le Dauphin, réitérant ce qu'avait fait avant lui son aïeul Charles V, prend donc la route de Bâle en compagnie de ses routiers, ces « mauvaises gens » comme on le dit alors, semant par leur seule réputation la terreur sur leur passage, ce qui explique sans doute la facilité avec laquelle il s'empare de Montbéliard. Le 26 août, à Pratteln, les Français remportent la bataille contre les Suisses, bien que 4 000 écorcheurs périssent sur le champ de bataille. Terrorisés, les Suisses, qui perdent plus de la moitié de leur armée, lèvent les sièges de Zurich et de Farnsburg, ce qui n'empêche pas les Français de les poursuivre dans plusieurs combats. Lors de l'un d'entre eux, Louis est blessé par une flèche reçue dans la cuisse, après avoir fait montre de sa vaillance habituelle.

Cet épisode ne l'empêche nullement de conclure une paix en bonne et due forme avec les Helvètes qui, plus tard, n'oublieront pas la mansuétude dont il a fait preuve à leur égard, lorsqu'il sollicitera leur aide dans sa lutte contre Charles le Téméraire. Mais l'empereur, ou plutôt son représentant le duc d'Autriche, oublieux du service que viennent de lui rendre les Français, refuse d'honorer ses engagements. Le Dauphin, prenant ses quartiers à Ensisheim, en Alsace, lui envoie alors ses écorcheurs qui ne se privent pas de ravager la province. Maître de la victoire, il espère poursuivre l'offensive, lorsque son père le rappelle à l'ordre, l'empêchant d'exploiter plus loin son avantage. Par crainte sans doute du poids budgétaire qu'entraînerait une guerre menée en Allemagne, mais peut-être aussi pour empêcher son fils de devenir le héros du jour que félicite l'Europe entière, à commencer par le pape qui lui accorde le titre de gonfalonier de l'Église.

Résigné, Louis se replie d'abord sur Montbéliard, puis sur Nancy, où son oncle René d'Anjou, qui n'est roi de Naples qu'en théorie puisqu'il ne peut même pas entrer dans son royaume, organise pour lui, durant tout un hiver, d'incessantes réjouissances dont ce magnifique seigneur, bientôt beau-père du roi d'Angleterre Henri VI, semble avoir le secret. C'est dans cette thébaïde qu'il retrouve Charles VII, venu négocier avec la duchesse de Bourgogne l'exécution du traité d'Arras. Hormis sa cour, le roi est accompagné par la très belle Agnès Sorel, première favorite, que le Dauphin ne supporte guère, lui qui estime que les femmes ne doivent jamais occuper la première place, encore moins lorsque les rois en font leur jouet.

Bien sûr, une telle mauvaise humeur ne le rapproche pas de son père, plus enclin à sacrifier à ses plaisirs qu'à son devoir. D'ailleurs l'occasion est trop belle : pour afficher sa différence, le Dauphin boude ostensiblement les bals, banquets et tournois qui font le quotidien de la cour. Un dernier événement l'éloigne un peu plus encore de cette cour qu'il ne supporte plus : la mort, survenue à Châlons dans la soirée du 16 août 1445, de son épouse Marguerite. Victime d'une congestion pulmonaire, elle se serait écriée au moment de disparaître : « Fin de la vie ! Qu'on ne m'en parle plus ! » Avec la mort de sa femme, le jeune veuf tourne une page décisive de son histoire et rompt définitivement avec son passé.

Revenu sur les rives de la Loire, où il s'ennuie ferme puisque son père ne lui confie aucune des grandes missions dont il rêve, Louis envisage une fois de plus de se dresser contre le roi, voire de s'en aller guerroyer en Italie pour s'y tailler un royaume à sa mesure – Milan, Gênes ou Naples – tropisme que tous les Valois, après lui, caresseront sans espoir de réussite. S'il renonce rapidement à ces projets, bien qu'il s'implique dans quelques petites révolutions de palais qui, toutes, avortent, il ne dissimule plus sa mauvaise humeur, allant un jour, dit-on, jusqu'à gifler en public la maîtresse de son père, Agnès Sorel, après avoir estimé que celle-ci avait offensé sa mère, la seule femme, semble-t-il, pour laquelle il éprouve un réel respect – et probablement une certaine affection –, estimant que toutes les autres ne sont que des ribaudes qu'on culbute entre deux batailles.

Vraie ou fausse, cette anecdote achève de consommer la rupture avec Charles VII qui, pour se débarrasser de son impossible fils, l'autorise enfin à se rendre en Dauphiné pour recevoir l'hommage de la province. Louis accepte. Le 1er janvier 1447, il prend donc le chemin du sud, quatre jours seulement après la naissance de son frère Charles, de vingt-trois ans son cadet, lequel, on le sait, lui donnera par la suite pas mal de fil à retordre…

Faut-il voir là un signe du destin ? L'héritier du trône s'en va, comme s'il laissait sa place à un autre, tombé du ciel au moment où personne ne s'y attend, pour une période qu'il croit courte et qui, pourtant, va durer dix ans, dix ans d'apprentissage dont il va sortir littéralement métamorphosé. Louis entre dans sa vingt-troisième année, une nouvelle vie commence, qui sera marquée du sceau de l'action, ce qui est bien, avec l'impatience de sa jeunesse, la première de ses vertus, puisqu'il ne déteste rien tant que l'oisiveté, la vacuité ou la paresse.

3.

Les années d'apprentissage

> « Chacun, s'il regarde et considère tout le temps de sa vie, trouvera plus de peine que de repos. »
>
> Louis XI

En ce commencement de l'année 1447, dans une nature pratiquement vierge encore, où les champs cultivés commencent à peine à disputer l'espace aux épaisses forêts de l'ancienne Gaule, un petit groupe de cavaliers, escorté par quelques soldats, galope dans les paysages de la vieille France, faisant halte dans des châteaux isolés ou les monastères rencontrés sur la route, parfois partageant le pain avec les paysans, lorsqu'ils ne peuvent faire autrement, s'asseyant alors autour d'un maigre feu de bois, avant de prendre quelque repos sur la paille. Ces cavaliers ne sont qu'une vingtaine, mais ils sont particulièrement déterminés à gagner au plus vite le sud-est du royaume, où celui qu'ils entourent est pressé d'arriver. Ne disposant pas de chevaux de rechange, ils les ménagent grandement, prennent bien garde à ce qu'ils ne se blessent pas lorsque la déclivité du terrain se fait sentir, à mesure que la montagne s'approche et, avec elle, ce monde si mal connu où les superstitions populaires accréditent l'idée que seuls l'habitent les géants maléfiques.

Ainsi, le prince Louis de France se déplace, en cette première moitié du XVe siècle, avec toute la fougue de ses vingt-trois ans, ses rêves de gloire et son impulsivité non encore maîtrisée, escorté de ses compagnons de voyage, entre Tours et Lyon d'abord, puis en direction de cette mystérieuse province dont il porte le titre, bien qu'il ne la connaisse pas encore, et qui a pour nom Dauphiné.

Ancienne terre de l'empire de Charlemagne puis de la royauté de Bourgogne, le Dauphiné, regroupant les trois actuels départements de la Drôme, de l'Isère et des Hautes-Alpes, a pour limites, au nord la Bresse, à l'ouest le Rhône, au sud la Provence et à l'est les plus hauts sommets des Alpes, dont la barre des Écrins culminant à 4 102 mètres, qui fait alors office de frontière avec les royaumes d'Italie. Il compte de vastes territoires, comme le Vercors, qui n'est pas encore entré dans la grande histoire de la nation, avec Grenoble, sa capitale, et Valence, Vienne, Briançon et Gap, ses principales villes. Violemment contrastée, avec ses sommets, ses hauts plateaux, ses précipices, ses torrents furieux, la région est aux antipodes du doux pays de Loire et ses cultures bien ordonnées.

Ce beau territoire de moyenne et de haute montagne, avec ses magnifiques paysages, tant apprécié à l'époque romantique, est d'autant plus emblématique qu'il a été rattaché à la France en vertu du traité de Romans, signé le 30 mars 1349 par le fondateur de la maison de Valois, le lointain aïeul du futur Louis XI, Philippe VI. Il le fut à une condition : que, désormais, le fils aîné du roi de France en porte le titre, celui de Dauphin, comme le fils du roi d'Angleterre est prince de Galles – ou comme, plus tard, celui du roi d'Espagne sera prince des Asturies, ou celui du roi d'Italie, prince de Naples. Surnom à l'origine, le terme de Dauphin s'est imposé ici, comme en Auvergne, où le porte aussi le fils aîné du maître de cette autre province de France, propriété d'une famille également promise à un brillant avenir : la maison de Bourbon.

Mais au-delà du titre – en l'occurrence celui de Dauphin en référence à ce mammifère marin, figurant sur ses armoiries, que très peu de Français de l'époque ont pu apercevoir au cours de leur vie –, ce royaume en miniature va servir de laboratoire à ce prince plus ou moins exilé, plus ou moins fugitif et toujours rebelle. C'est là qu'il va apprendre à gouverner, tout en donnant du corps à une possession, jusque-là libre de s'administrer seule. Certes, lorsqu'il avait reçu le Dauphiné sept ans plus tôt, Louis y avait déjà entrepris un certain nombre de réformes en matière de justice et de finance, mais seulement par délégation. À partir du moment où il décide d'y résider à temps plein, la donne est différente.

Constamment présent sur le terrain, toujours disponible pour ses sujets et impatient, surtout, de faire ses preuves en matière administrative, comme il l'a fait dans le domaine militaire avec les routiers, il va, en effet, modifier en profondeur la vie quotidienne de ce territoire et achever de l'ancrer dans la terre de France, comme en témoigne son sceau associant les lis et les dauphins. À peine installé, il se comporte en souverain, faisant d'abord savoir à tout le pays que son chef est là, le visitant ensuite en détail, quels que soient l'éloignement et la difficulté d'accès des populations, recevant tous ceux qui viennent lui porter leurs doléances ou prodiguer leurs conseils – paysans, artisans, bourgeois, nobles et prêtres –, les écoutant attentivement et leur promettant de se consacrer exclusivement au bonheur de tous, ce à quoi il ne faillira jamais.

Il forme d'emblée une petite équipe dirigeante, composée de seigneurs et de bourgeois locaux, mais aussi d'hommes arrivés dans sa suite. Il associera certains d'entre eux au pouvoir lorsqu'il sera roi de France, comme Jean de Lescun, dit « le bâtard d'Armagnac », Louis de Crussol, Guillaume de Courcillon, Yves de Scépeaux, Charles de Melun, Jean de Daillon, Jean de Montauban, Jean de Montespedon, Charles Astars ou Nicolas Erlant, sans compter bien sûr son célèbre secrétaire Jean Bourré et Mathieu Thomassin, qui écrira pour lui une histoire de la province. Souverain en herbe, il s'empresse d'abord de frapper monnaie à son nom avant de présider le Conseil du Dauphiné, où il impose un certain nombre de mesures mûrement réfléchies, dont on s'étonne rétrospectivement, en se demandant comment elles ont pu venir à l'esprit d'un homme encore si jeune et déjà si préoccupé de l'intérêt général de ses États.

Louis, en effet, commence par l'organisation du Dauphiné, mesure consubstantielle à la mise en œuvre d'une fiscalité spécifique, remet de l'ordre dans la gestion du domaine, notamment en réinstaurant des péages sur le Rhône, interdit aux seigneurs de se battre entre eux et, par conséquent, de saccager le pays à leur guise, comme ils en avaient pris la funeste habitude. Il met au pas un haut clergé considéré comme trop indépendant de la France et assigné désormais à payer l'impôt, tout en se faisant reconnaître comme suzerain de l'archevêque de Vienne qui, jusque-là, gouvernait en maître le diocèse, soumettant dans la foulée les évêques de Grenoble, Valence et Die.

La liste des changements qu'il propose est impressionnante. Il réforme l'administration territoriale réduite à une sénéchaussée et deux bailliages et transforme le Conseil delphinal en parlement, devenant le troisième en France après ceux de Paris et de Toulouse. Parallèlement, il crée une petite mais efficace armée permanente composée de cinq compagnies d'ordonnance et de quelques compagnies d'arbalétriers, dont les membres sont recrutés dans la population locale, afin d'affirmer leur patriotisme. Il améliore les routes, pousse les paysans à cultiver le blé pour ne plus avoir à l'importer, développe les foires et les marchés, encourage l'industrie par la création de manufactures et l'exploitation des mines, protégeant au passage les juifs, dont beaucoup exercent la fonction de banquier et investissent leurs capitaux sur place, de même que les artisans étrangers, priés de s'installer en France par des incitations de toutes natures.

Et ce n'est pas tout ! Non seulement il crée un registre officiel des titres, mais encore il établit le premier service postal gouvernemental que l'Europe ait connu. En six années à peine, avec presque mille édits rédigés de sa propre main, celui qui fut le seul Dauphin à résider en Dauphiné a donc transformé un État archaïque, dominé par les conflits entre seigneurs féodaux ou ecclésiastiques, en un véritable modèle administratif, dont la guerre est désormais bannie, avec une organisation territoriale simplifiée, une vie religieuse apaisée, une économie grandement développée et un domaine agrandi, après l'annexion de Montélimar et d'Orange, de pratiquement deux fois sa superficie initiale. Enfin, il fonde l'université de Valence, où les jeunes gens de la province peuvent poursuivre leurs études. Elle comprend une faculté de médecine, une faculté d'arts libéraux et une faculté de droit.

Toutes proportions gardées, cette manière de gouverner en mettant en valeur le territoire annonce celle des grands préfets ou des grands maires de la IIIe République à venir, dans laquelle un Louis XI, naturellement débarrassé des oripeaux de la monarchie, n'aurait pas fait mauvaise figure. Et cela fait naturellement de lui une exception en un temps où les princes semblent prendre plus de plaisir à ravager les territoires qu'à les mettre en valeur ! Doit-on voir un hasard ou une conséquence dans le fait que, vingt ans plus tard, ce sera en Dauphiné, à Pontcharra précisément, que naîtra l'un des plus grands serviteurs de la France, Pierre Terrail de Bayard, le futur « chevalier sans peur et sans reproche » ? Si c'est une coïncidence, elle est troublante !

Une dernière constatation enfin, c'est en s'appuyant sur le système de l'impôt que le futur Louis XI met en œuvre ses réformes, ce qu'il fera lorsqu'il dirigera la France, n'éprouvant aucune gêne à financer ainsi l'intérêt général. Contrairement aux tenants d'une pensée libérale typiquement anglo-saxonne, c'est en effet par l'impôt que la France s'est constituée et construite au fil des siècles et s'est dotée, jusqu'à nos jours, de ses principales infrastructures. Le dogme d'un allégement des impôts, préconisé par certains, va totalement a contrario d'une tradition instaurée par Louis XI, qui sait bien que, sans impôt, il n'y a pas d'État, et que sans État, il n'y a plus de nation. Louis XIV ne pensera pas différemment, tout comme, au début du XXe siècle, le radical Joseph Caillaux, qui finira par mettre en œuvre l'impôt sur le revenu.

Vivant simplement, voire modestement, le Dauphin, auquel nul ne se risquerait à désobéir car chacun mesure la force de son autorité naturelle, ne s'autorise que deux plaisirs, la chasse, qui lui permet de galoper frénétiquement dans ses forêts une fois sa tâche accomplie, et les filles, qu'il culbute sans plus de façon, une fois rentré de la chasse, davantage pour l'hygiène que pour succomber à la passion. Deux d'entre elles le retiennent un peu plus que les rencontres passagères, Guyette Durand et Félizé Regnard ; l'une et l'autre lui donnent bientôt quelques enfants bâtards, qu'il établira par la suite. Veuf et en pleine force de l'âge, qui le lui reprocherait ? Chevalier et galant homme, il anticipe, dans ce domaine comme dans d'autres, ce que seront par la suite deux de ses illustres successeurs, François Ier et Henri IV, même si l'idée de séduction n'a jamais accompagné l'image que ses contemporains ont eue de Louis XI.

Mais au fond, la jouissance compte peu, puisque c'est le travail qui occupe l'essentiel de son temps. Un travail gratifiant, du reste, qui a constitué, jour après jour, semaine après semaine, mois après mois, année après année, un éloquent apprentissage de son futur métier de roi. L'Europe ne s'y trompe pas, et envoie à Grenoble des observateurs, tel le chevalier Olivier de La Marche. Un tel service devrait, logiquement, raccommoder le Dauphin avec son père le roi, en vertu de leur attachement commun à la France. Mais c'est le contraire qui se produit, puisque Charles VII ne voit dans les succès de son fils qu'indépendance ou pis, rébellion contre lui, dans la mesure où, au fil des années, celui-ci persiste à demeurer à Grenoble plutôt que de reprendre sa place à la cour, là où il serait plus aisé de le surveiller.

Le Dauphin a beau protester, dans ses lettres, de sa fidélité absolue au roi, la méfiance perdure, parfois à juste titre, lorsqu'on s'aperçoit qu'il entretient des espions jusque dans l'intimité du souverain ! En fait, chacun des deux hommes fait espionner l'autre, de même que chacun prête une oreille attentive à tous ceux qui ont été les inévitables victimes de leurs politiques respectives et qui n'ont de cesse de venir se plaindre à la partie adverse. Mais c'est un geste précis qui, bientôt, va opérer la rupture : le mariage du Dauphin qui, le 9 mars 1451, épouse la jeune Charlotte (dix ans), fille du duc de Savoie, qui non seulement lui apporte une promesse de descendance, dès qu'elle sera en état de donner la vie – à vingt-sept ans, il faut bien qu'il commence à y penser ! – mais encore une colossale dot de 400 000 écus d'or, dont 12 000 en argent comptant. Le problème est que le roi Charles VII n'a pas donné son accord à cette union, ou plus exactement a traîné toute une année avant de donner sa réponse, et que, dans les familles royales, il est interdit de convoler sans l'aval parental.

Le roi Charles VII qui, par mesure de rétorsion, supprime aussitôt la pension versée à son fils et confisque ses biens, songe-t-il alors, comme certains le prétendent, à déshériter son aîné au profit de son cadet, Charles ? Cela paraît difficile à croire, puisqu'il sait parfaitement qu'en France, la Couronne est inaliénable et que, quelles que soient les préventions d'un souverain pour tel ou tel de ses fils, la loi, ou mieux l'usage traditionnel, impose qu'elle se transmette uniquement par ordre de primogéniture mâle. Tout au plus s'emploie-t-il à faire connaître son mécontentement au duc de Savoie et à le détacher de celui qui est devenu son gendre, par un traité à la conclusion duquel il offre au prince Amédée la main de sa fille, Yolande, ce qui fait désormais de Louis le beau-frère de son beau-père.

À compter de cette date, de menaçantes ambassades sont donc envoyées à Grenoble avec mission de faire céder l'indomptable Dauphin, qui refuse de quitter ce qu'il considère comme « son » territoire et de faire sa complète soumission à l'autorité paternelle et royale. Ce qui ne l'empêche pas d'annoncer un jour que son but est de s'en aller conquérir les États italiens ou de partir aux croisades, même si ce concept, en sommeil depuis longtemps, est devenu utopique. En fait, il paraît évident que le Dauphin attend, à Grenoble, la mort de son père pour, à son tour, ceindre la couronne de France. Estime-t-il que ce dernier n'osera jamais le déloger de ses montagnes ? Cette fois-ci, il se trompe. Si, pour conserver les formes et gagner du temps, un certain nombre d'ambassades sont échangées entre le père et le fils, et avec elles des correspondances dans lesquelles le roi conserve un ton affectueux – « si notre fils voulait venir devers nous comme un bon fils doit faire envers son père, nous étions content et prêt de le recueillir en notre bonne grâce» – la situation se tend de plus en plus.

En 1456, excédé, Charles VII, qui a déjà envoyé une armée quatre ans plus tôt à titre d'avertissement, se résout alors à lancer une expédition militaire, commandée par Chabannes, pour déloger son fils. L'été 1456, celle-ci est aux portes du Dauphiné. Le 30 août, Louis ne peut rien faire d'autre que s'enfuir avec une cinquantaine de ses amis les plus sûrs. Croit-il ou feint-il de croire qu'il risque d'être «cousu dans un sac et jeté à l'eau», comme on le lui dit? On ne sait, mais c'est «une violente terreur» – le terme est de lui – qui le pousse à partir le plus loin possible. Choisit-il le chemin du sud pour rejoindre en Italie le roi René, comme il en aurait eu le projet, ou son compère Francesco Sforza, avec lequel il caresse, depuis des années, le fol espoir des Valois de jouer un rôle de premier plan? Non! Au dernier moment, prétextant une partie de chasse, il prend la route du nord, au grand galop, se contentant de laisser à son père une lettre dans laquelle il lui écrit qu'il est parti en croisade, ou tout au moins qu'il est passé en Bourgogne pour se mêler à une hypothétique croisade, envisagée deux ans plus tôt par Philippe le Bon – nous en reparlerons.

Personne, toutefois, ne saurait être dupe de ce prétexte et chacun, le roi le premier, comprend que son fils s'est mis à l'abri ou, comme on dirait de nos jours, est parti demander «l'asile politique» à son voisin. Constatant que le Dauphin a abandonné ses États, Charles VII en reprend possession non sans quelque prudence élémentaire, puisqu'il connaît parfaitement l'esprit d'indépendance des montagnards. Il va ainsi, en douceur, reprendre en main l'administration de la province qui, à présent – et contrairement à ce qu'avait fortement précisé le traité de Romans – va finir par perdre toute autonomie face à la Couronne de France, et cultiver ainsi le souvenir d'une sorte d'âge d'or vécu sous le règne du futur Louis XI. S'il en fallait une preuve, celle du nombre croissant de jeunes gens qui franchissent clandestinement la frontière pour le rejoindre serait suffisante.

Au reste, lorsqu'il régnera sur la France, Louis XI n'utilisera-t-il pas la formule « le Roi-Dauphin », pour montrer qu'il sera l'un et l'autre à la fois, comme après lui Henri IV sera « roi de France et de Navarre » ? Cela en dit long sur l'attachement profond qu'il portera, jusqu'à son dernier jour, à cette province qui l'a véritablement révélé à lui-même. En attendant, l'annexion achevée, aucun roi de France n'allait permettre à son fils et héritier de gouverner le Dauphiné. Aussi, jusqu'au duc d'Angoulême, fils aîné de Charles X, qui sera le dernier à porter le titre de Dauphin, celui-ci ne sera plus qu'un mot creux, dénué de toute réalité territoriale et encore moins politique, à peine un thème décoratif, à Versailles ou ailleurs, sculpté dans le granit ou le marbre et constamment arrosé par les fontaines et toujours associé à l'eau, principe de vie, puisque c'est dans cet élément que se meut ce mammifère marin réputé être le plus intelligent de toute la création, après l'homme. Ces statues quelque peu dérisoires expriment les états d'âme de tous ceux qui ont porté le titre de Dauphin, comme celui qui, à présent, doute de son destin et apprend à bien nager pour survivre dans les eaux de l'avenir, lui qui, certes, incarne le futur, mais qui n'est rien tant que son père vit, contraint d'attendre encore et toujours que son heure vienne.

4.

Le rebelle

« Le monde se dérobe incontinent à qui trop se fie. »

Louis XI

Le centre de la séduisante cité de Hal, en Brabant, est occupé par l'église gothique Saint-Martin, qui rappelle toute l'importance économique du bourg à la fin du Moyen Âge, à une époque où cette région connaissait un accroissement de la production artisanale inconnu dans les États du Sud, à commencer par la France. Dans le trésor de ce noble monument se trouve, parmi d'autres remarquables pièces d'orfèvrerie sacrée, un grand ostensoir, dit de Notre-Dame, réalisé en 1406 et composé de trois parties, un socle, un nimbe circulaire symbolisant le monde, et une croix, dont le centre est transparent pour y placer l'hostie ; l'ensemble est, comme il se doit, en métal doré finement ciselé, comme on savait le faire, au XVe siècle, dans le riche duché de Hainaut.

En s'approchant de ce chef-d'œuvre d'orfèvrerie, on aperçoit deux personnages représentés en orant, c'est-à-dire à genoux : à gauche, un homme, encore jeune, portant une robe et les cheveux moyennement longs ; à droite, une femme, en robe, portant un voile. Selon l'usage, ce sont les donateurs de cette pièce qui y figurent, ce qui nous donne l'occasion de contempler le portrait le moins connu de notre personnage, puisque cet homme, c'est naturellement le Dauphin Louis, et cette femme, son épouse Charlotte de Savoie, réunis pour l'éternité depuis qu'ils ont offert cette pièce à Saint-Martin de Hal lors de leur long séjour dans la province.

Pourtant, ce n'est pas à l'occasion d'une visite officielle que le Dauphin est venu en Flandre, mais au terme d'une véritable fuite. Dès lors qu'apprenant que l'armée de son père se dirigeait vers Grenoble, il a préféré prendre la poudre d'escampette avec une petite bande de fidèles n'ayant pas froid aux yeux. Diable, quitter le Dauphiné pour la Bourgogne, territoire ennemi, ne relève-t-il pas de la haute trahison, un crime puni, dans le meilleur des cas, par l'incarcération en forteresse et, dans le pire, par la décapitation à la hache ? Cela explique pourquoi ce cavalier pressé de trente-trois ans, qui, foulant le sol de la Franche-Comté d'abord, où il prend ses quartiers à l'abbaye de Saint-Claude, ensuite à Louvain, dans ce qu'on appelle de nos jours la Belgique, ne sait probablement pas très bien, en effet, qui il est vraiment.

Est-il encore le Dauphin, même s'il fuit le Dauphiné envahi par les troupes de Charles VII ? Est-il encore le prince héritier du trône de France, à l'heure où son père le traque comme un gibier ? Ou n'est-il qu'un aventurier pourchassé d'un État à l'autre, n'espérant plus rien de la providence ? Il se trouve, en tout cas, dans une situation pour le moins étrange, dans laquelle il lui faut ruser. Sans doute est-ce pour cette raison qu'il tente de justifier ce qu'on n'appelle pas encore une « cavale », en faisant savoir à son père et souverain qu'en fait, s'il se trouve ici, c'est pour prendre la croix et rien d'autre.

Deux ans plus tôt, en effet, le duc de Bourgogne et ses vassaux, à l'occasion d'un fastueux banquet donné à Lille le 17 février 1454, avaient fait serment de partir en croisade pour délivrer Constantinople des Turcs. On avait appelé cet engagement « le vœu du Faisan » et, à l'exception de Philippe le Bon qui semblait sincère, les autres convives s'étaient engagés un peu à la légère, ce qui explique pourquoi cette croisade n'a jamais eu lieu : l'esprit n'est plus celui qui, trois siècles plus tôt, avait mobilisé les foules pour Jérusalem. Le futur Louis XI croit-il de bonne foi qu'il va effectivement se croiser, lui qui est un bon chrétien, et se couvrir de gloire en Orient ? Ou ce vœu lui sert-il de prétexte pour justifier son séjour en Bourgogne et pour se rapprocher de son duc, qui est à cette époque le plus grand seigneur d'Occident, mais aussi l'homme dont, sans doute, le roi de France se méfie le plus ? Il y a vraisemblablement des deux chez cet homme qui, pour être encore jeune, n'en est pas moins complexe.

Mais, pour bien comprendre ce qu'a de surprenant ce rapprochement, il faut revenir quelque peu en arrière : Philippe III, surnommé par ses sujets « le Bon » en raison de son affabilité envers ses sujets quel que soit leur rang, est le fils du duc de Bourgogne Jean sans Peur, lui-même fils de Philippe le Hardi, lui-même fils du roi Jean II, le propre arrière-grand-père de Charles VII, qui est donc son cousin. Portant les titres de duc de Bourgogne, de Limbourg, de Luxembourg, de Gueldre, de Brabant, de Hollande, de Zélande et de Lothier, de comte de Flandre, d'Artois, de Hainault, de Namur, de Bourgogne palatine, de Vermandois, de Ponthieu – ce qui fait de Philippe III le souverain de quelque cinq millions d'habitants ! – c'est un prince fastueux, dont les terres, situées entre le royaume de France et le Saint Empire romain germanique, s'étendent de la Somme à la Moselle, de la mer du Nord au Jura, de Dijon aux Ardennes, englobant ce qu'on appelle aujourd'hui la Belgique et une partie des Pays-Bas. Des terres riches, de surcroît, grâce à leur agriculture, leurs ports et leurs savoir-faire encore inconnus dans les États du sud de l'Europe, faisant tout le rayonnement de ses villes que sont Dijon, Besançon, Amiens, Lille, Bruges, Gand, Bruxelles, Anvers ou Amsterdam, pour ne citer que les principales.

Comme tout feudataire, son patrimoine, son prestige, sa fortune représentent donc une menace permanente pour le roi de France, et cela d'autant plus qu'il a joué un rôle actif pendant la guerre de Cent Ans, durant laquelle, croit-on, son père fut assassiné par des proches de Charles VII. C'est en représailles de ce crime qu'il a inspiré le traité de Troyes et précipité l'accession d'Henri V au trône de France, avant de se réconcilier avec le Dauphin de Bourges, pour la forme tout au moins, après son sacre et la progressive reconquête de son territoire.

Surpris, flatté et cherchant déjà à tirer profit de la subite arrivée de ce parent avec lequel il était certes en correspondance, mais qu'il ne s'attendait pas à voir sur ses terres, il lui réserve le meilleur accueil à Bruxelles, où il rentre le 15 octobre, sitôt sa guerre terminée en Hollande, s'agenouillant devant lui, de même que sa femme, avant d'être relevé et embrassé par celui qui se dit son « neveu très aimant » et auquel il déclare : « Monseigneur, aussi bien soyez venu comme fut l'Ange Gabriel à la Vierge Marie [*sic*], car si grande joie ne reçus oncques ni si grand honneur. » Ce que Charles VII, d'une manière plus prosaïque, allait traduire par une formule percutante : « Mon cousin de Bourgogne nourrit le renard qui mangera ses poules. »

Après ces belles paroles, le duc loge le Dauphin dans son propre palais et lui offre une série de banquets, bals et parties de chasse, où se presse, avec curiosité, toute la noblesse de Bourgogne et de Flandre, tandis que Charles VII ne proteste que pour la forme, évitant de déclencher une guerre contre la Bourgogne, qu'il n'a ni les moyens ni la force de soutenir. Tout à la fois flatté et inquiet des ennuis que pourrait lui attirer cet hôte encombrant, le duc abandonne ensuite au Dauphin le château de Genappe, sur la Dyle, à proximité de Bruxelles, en Brabant, le défrayant pratiquement de toutes ses dépenses par l'attribution d'une pension annuelle de 36 000 livres – une véritable fortune pour l'époque.

C'est dans cette résidence, à la fois sûre, en raison de ses tours, sa muraille et ses douves, et proche de forêts, lui permettant de s'adonner aux activités cynégétiques, que le Dauphin de France va pouvoir enfin prendre un repos bien mérité. Le château de Genappe, détruit en 1671, n'existe plus de nos jours et seul demeure près de son emplacement un village dans lequel, l'été 1815, Wellington fera étape avant de livrer la bataille de Waterloo, de si mauvaise mémoire pour la France. Dans ce cadre privilégié, que restitue une gravure du temps et que le futur Louis XI fait restaurer au goût du jour, il va passer en tout cinq années relativement heureuses, réparties entre chasses dans les environs, réceptions à Bruxelles, soirées familiales ou studieuses avec ses éternels compagnons des bons et des mauvais jours, parmi lesquels Jean de Montauban, le bâtard d'Armagnac, Louis de Crussol et Georges de La Trémoille, sans oublier le fidèle parmi les fidèles, son secrétaire Jean Bourré.

Mais surtout, plus qu'y jouer les coqs en pâte, il observe cet État bourguignon qui le fascine par sa puissance économique, avec ses ateliers modernes et sa prospère agriculture, sa cour raffinée, face à laquelle sa rivale française fait piètre figure, ainsi que sa chevalerie considérée comme la plus brillante et la mieux équipée du temps, mais dont il perçoit aussi les faiblesses de colosse aux pieds d'argile. Toujours très circonspect, il évite de prendre le parti de telle ou telle coterie agitant la cour du duc et offre une attitude exemplaire, de même que ses compagnons à qui il enjoint d'être prudents. Tant de zèle lui vaut d'être invité par le duc régnant à chevaucher à ses côtés pour visiter ses bonnes villes du Nord, en particulier Bruges, dont la richesse et l'onirique beauté l'impressionnent au plus haut point. Déjà passionné par tout ce qui touche au commerce et à la circulation de l'argent, il y noue des contacts avec l'Italien Arnolfini qui l'initie à la finance. Mais ce séjour manque de lui être fatal, puisque, à Bruges, il tombe un jour par mégarde dans un canal et échappe de peu à la noyade !

À Genappe, encore, le prince se lie d'amitié avec son jeune cousin de dix ans son cadet, Charles, comte de Charolais, le futur « Téméraire », qu'il écrasera plus tard. À cette époque, les deux hommes, qui scellent bientôt un pacte de frères d'armes, sont proches, et même complices, eux qui, tout en chassant, se font des confidences ou s'offrent des présents. Le Dauphin n'est-il pas le parrain de Marie de Bourgogne, la fille unique de Charles, qu'il tient sur les fonts baptismaux sans imaginer sans doute que, dans quelques années, il la dépouillera de ses biens ? Tous deux souffrent en effet des mêmes maux, impatients qu'ils sont de régner ; tous deux désapprouvent la personnalité de leurs pères, jouisseurs invétérés, entourés de maîtresses et de bâtards. Mais encore, le Dauphin ne sert-il pas d'arbitre dans les querelles entre Philippe le Bon et son fils et successeur, ne ménage-t-il pas l'influente famille de Croÿ, si proche du duc ?

La vie est douce, en tout cas, à Genappe, ce dont témoigne un livre écrit ces années-là dans l'entourage des deux hommes, *Les Cent Nouvelles Nouvelles*, composées à l'imitation du *Décaméron* de Boccace, dans lesquelles on peut reconnaître les deux princes et leurs familiers. Rien ne manque à l'équilibre du Dauphin que son épouse, qu'il a laissée en Dauphiné et à qui il demande à présent de le rejoindre. L'été 1457, celle-ci quitte donc Grenoble pour Namur, où Louis la reçoit avec ferveur, constatant qu'elle a suffisamment grandi et qu'elle est à présent en état de devenir sa femme. Après quelques jours de lune de miel dans cette cité, il la conduit à Genappe où, quelques mois plus tard, le 18 octobre 1458, naît leur premier fils, Louis.

Hélas, l'enfant meurt à deux ans, tout comme les deux suivants, Joachim et Louise, qui disparaissent au berceau en 1459 et 1460. Une quatrième, Anne, née au mois d'avril 1461, vivra ; elle sera la future dame de Beaujeu, si proche de Louis XI, et, après la mort de son père, elle administrera le royaume en tant que régente de son jeune frère Charles VIII encore à naître. Le rebelle tient enfin sa propre famille, lui qui est éloigné de la sienne depuis si longtemps, et même s'il n'éprouve que de vagues sentiments pour la peu séduisante fille du duc de Savoie, dont le père, de surcroît, tarde à lui payer la dot, il lui voue une véritable reconnaissance pour ce qu'elle lui apporte.

Mais, dans sa thébaïde, le Dauphin ne se désintéresse pas de la situation diplomatique de l'Europe, à l'heure où la guerre civile fait rage en Angleterre, où le duc de Milan, Francesco Sforza lui envoie une ambassade pour signer un traité d'amitié, où, en France, le roi Charles VII achève la reconquête de son royaume. Et justement, malgré l'éloignement, le châtelain de Genappe sait tout ce qui se passe à la cour de son père par des espions qu'il rétribue et qui, par lettre ou de vive voix, l'informent de ses moindres faits et gestes et de l'état de sa santé. Certes, il n'omet pas d'écrire régulièrement à ce roi de France dont il est le premier des sujets, et avec lequel il échange même des ambassadeurs sans pour autant infléchir la rancune qu'il lui porte, Charles VII excluant d'emblée toute idée de pardon pour celui que le chroniqueur Chastellain considère joliment comme « le plus pauvre fils de roi qui oncques fut ».

C'est ainsi que, avec une certaine satisfaction qu'il affecte de modérer en public, il apprend que son père, malade, est en réalité en train de mourir. Certains affirmeront que le fils a empoisonné le père – ce que nous récusons. Le Dauphin se tient donc prêt à toute éventualité. Le 25 juillet 1461, un messager vient lui apporter la nouvelle de la mort du roi, survenue trois jours plus tôt à Mehun-sur-Yèvre, avant sa soixantième année, probablement d'un cancer foudroyant.

Comme le prévoit le protocole, sa dépouille est aussitôt conduite à Paris, exposée à Notre-Dame et enfin inhumée à l'abbaye de Saint-Denis le 7 août, cérémonie conclue par le traditionnel « Le roi est mort, vive le roi ». Ce qui montre bien que la coutume transmettant la couronne de France par primogéniture mâle est bien plus forte que la brouille du défunt souverain avec son fils, dont nul ne songerait à contester les droits, même si, pour l'instant – et si paradoxale que soit cette situation – il réside encore chez l'ennemi !

Sacrifiant aux convenances, le Dauphin, pour quelques jours encore, fait aussitôt célébrer un office divin à la mémoire de son père mais, celui-ci à peine terminé, il se jette sur son cheval et part à la chasse, vêtu de couleurs vives ! Point n'est question qu'il assiste aux funérailles de son géniteur célébrées à Saint-Denis, ce qui, du reste, n'est pas l'usage, puisque, selon les traditions ancestrales, le roi vivant ne doit avoir aucun contact avec le roi mort. Il convient de marquer une rupture et c'est via la cérémonie du sacre qu'il va rentrer en France, c'est-à-dire en roi.

En quelques heures, le sujet rebelle est devenu le Très Chrétien Louis, onzième du nom, succédant ainsi à saint Louis, après la parenthèse de Louis X qui ne fit guère parler de lui, si ce n'est que celui qu'on surnomma « le Hutin », c'est-à-dire le querelleur, fut le premier de ceux qu'on appela « les rois maudits », et le dernier des Capétiens en ligne directe. Il ne lui reste plus qu'à se mettre en route, ce qu'il fait bientôt en rejoignant Philippe le Bon et son impressionnante suite, qui l'attendent à Avesnes, à la frontière française, pour le conduire à Lille, où il doit prendre le chemin de Reims. Sa femme, Charlotte, la nouvelle reine de France, le rejoindra plus tard, elle aussi si démunie que la comtesse de Charolais est chargée de l'équiper en linge, vêtements et chariots !

Force est de reconnaître que le duc de Bourgogne a fait les choses en grand, lui qui a réuni à Avesnes quatre mille cavaliers plus somptueusement vêtus les uns que les autres, lui les surpassant tous, avec son armure qui scintille des multiples joyaux dont elle est incrustée. Derrière eux suivent des centaines de chariots remplis de provisions et de vin, de tapisseries, de linge, de pièces d'orfèvrerie, ensemble destiné à exhiber la puissance sans limites du grand-duc d'Occident, auprès duquel le nouveau roi et sa suite, vêtus simplement, pour ne pas dire pauvrement, font plutôt grise mine. Qui est le roi ? Qui est le duc ? semble se demander la chevalerie française ! Mais, pour l'instant du moins, le jeune souverain ne dit rien, il a trop besoin de son encombrant allié, surtout sur le plan matériel. Il accepte tout ce qu'il lui prête, sans illusions, sachant pertinemment qu'il n'est, pour son bien-aimé oncle, qu'une sorte d'investissement, un pari sur l'avenir.

À quoi songe-t-il, ce jeune roi qui chemine aux côtés du duc de Bourgogne, au début de ce long cortège qui les conduit à présent, à petites étapes, par les campagnes inondées de soleil de ce bel été ? À ce parcours inédit chez les héritiers du trône de France qui, tour à tour, a fait de lui le chef d'une armée d'écorcheurs, le sage administrateur d'une province montagnarde et le rebelle hébergé chez un rival ? À ce père qu'il n'a jamais compris et qui est mort sans qu'ils aient pu avoir d'explication ? À cette mère, dont il a hérité de la finesse, à défaut du charme ? À sa première épouse, morte il y a déjà quelques années, ou à la seconde qui, là-bas, le suit en litière avec leur fille dans les bras ? À son encombrant allié, le trop puissant duc d'Occident, qu'il doit remercier aujourd'hui mais qu'il devra un jour aller jusqu'à détruire ? À ce qui l'attend dans le plus beau des royaumes, dont les sujets, qu'ils soient seigneurs, bourgeois ou paysans, à son approche, viennent spontanément s'agenouiller devant lui, tant la force de la tradition fait de lui l'élu de Dieu, le représentant de Jésus-Christ sur la terre, le souverain absolu qui concentre à lui seul tous les pouvoirs – exécutif, législatif et judiciaire ?

Il y a sans doute de tout cela dans la tête d'un être qui, par la force des choses, a appris à penser par lui-même et à dissimuler, persuadé que plus énigmatique il sera, plus il sera craint, respecté et obéi. À trente-huit ans, l'âge de la maturité en cette fin du Moyen Âge, une foule de pensées roule dans sa tête sage et attentive, lui qui étonne ses interlocuteurs par la modération de ses propos et la prudence de ses attitudes. Le peuple de France, au reste, ne s'y trompe guère ; dès que le nouveau roi apparaît, il s'empresse de venir le contempler, sachant d'instinct qu'une page se tourne et que s'ouvre une ère nouvelle, dont chacun pressent qu'elle sera bien sûr différente, mais aussi plus grande, plus prospère et plus juste.

Ravagée par un siècle de guerres, la France, en effet, est exsangue, pratiquement à reconstruire avec ses fermes brûlées, ses terres à réensemencer, ses villes à rebâtir, même si Charles VII a déjà beaucoup fait pour réamorcer l'activité économique. Toutes proportions gardées, c'est un peu la situation de 1944 avec, comme à la Libération, ce que les peuples ont de plus cher, l'espoir d'un avenir meilleur et l'enthousiasme de l'énergie pour le construire.

En prenant ses quartiers au couvent de Saint-Thierry, à la porte de Reims, où l'archevêque Jean Juvénal des Ursins l'accueille, ce 14 août 1461, Louis XI sait parfaitement ce que la France et les quelque quinze millions de Français, dont l'immense majorité sont paysans, attendent de lui : de l'autorité, certes, mais aussi de la stabilité et plus encore de la paix, l'une et l'autre demeurant les garants de ce qu'on appellerait aujourd'hui « la reprise ».

La tâche est exaltante, mais elle est aussi terrible, puisqu'elle lui vient, ne l'oublions pas, du ciel et de nulle part ailleurs. Mais à la différence de certains de ses prédécesseurs ou successeurs – et c'est bien là le point de rupture – il n'y a aucun doute que le gentil Dauphin, devenu le roi Louis, soit immensément désireux d'assumer le pouvoir, nous dirions « d'habiter sa fonction ». Comme nos chefs d'État contemporains, Louis XI veut exercer le pouvoir absolu et s'est préparé pour cela. C'est aussi pour cette raison qu'il décide de ne faire son entrée officielle à Paris que lorsqu'il sera sacré, c'est-à-dire devenu intouchable, ou presque.

5.

Roi enfin

«Je suis France.»

Louis XI

Le 15 août 1461, à Reims, jour de l'Assomption, sous l'immémoriale voûte de la cathédrale et dans le plus pur respect de la tradition capétienne, l'interminable cérémonie déploie à l'infini la complexité de son rite et de son faste, avec ses chants, ses prières, ses génuflexions, les vapeurs d'encens, le chatoiement des vêtements, l'éclat de l'orfèvrerie utilisée et le nombre impressionnant de seigneurs et de dames, vêtus de leurs plus beaux atours, qui communient dans la magnificence du plus traditionnel moment de cohésion de la nation unissant Dieu, le prince et le peuple autour de l'idée de France.

Rien ne manque pour émouvoir et convaincre ceux qui en sont les témoins : les chants, les cierges, la couronne posée sur un coussin, brillant de tous ses feux, la sainte ampoule dans sa châsse d'or, le lancer d'oiseaux sous les hautes voûtes de l'immense vaisseau gothique et le retentissement du fameux cri à la fin, poussé par des milliers de gosiers, « *Vivat Rex in aeternum*, Montjoie Saint-Denis », tandis que les cloches battent à toute volée, faisant ainsi savoir à toutes et à tous que la France a bien un roi, sacré par l'Église, et représentant Jésus-Christ sur la terre.

Au moins trois ou quatre heures durant, sous l'autorité de l'archevêque Jean Juvénal des Ursins et de son nombreux clergé, celui qui passe de l'état de Dauphin à celui de roi, mais de roi investi de pouvoirs thaumaturges et de surcroît religieux, puisqu'il devient, selon les règles, le premier des clercs du royaume en tant que représentant de Jésus-Christ sur la terre, apparaît de loin comme une sorte de marionnette aux mains de ceux qui le déshabillent, l'habillent, le font tourner, lui appliquent des marques à l'huile, se prosternent devant lui et le font se prosterner devant l'autel. En fait, contrairement à la seule appellation de « sacre », c'est une triple cérémonie qui a lieu. Elle comprend, certes, le sacre proprement dit, dans lequel le roi devient, grâce à l'ampoule de saint Rémy, « l'oint » du Seigneur, mais encore le couronnement, dans lequel, outre la couronne, il reçoit le sceptre, le globe et la main de justice, et enfin l'intronisation, à l'issue de laquelle il prend place sur son trône devant lequel les dignitaires religieux et civils viennent lui rendre hommage.

Perçoit-il toute la symbolique de cette journée ? Peut-être pas, mais s'il trouve la cérémonie un peu longue et parfois ennuyeuse, il comprend bien que, sans elle, il ne serait pas ce qu'il devient : de par la volonté de Dieu, celui qui, investi de tous les pouvoirs, est à présent le maître absolu de la

France et des Français, celui à qui chacun doit une totale obéissance, sous peine d'une lèse-majesté punie de mort.

Point n'est besoin de se demander si cette organisation pyramidale du pouvoir heurte ou non notre sensibilité démocratique d'aujourd'hui. Nul en France, comme en Europe ou dans le reste du monde, dit civilisé ou non, ne remet en question, ni même n'en aurait l'idée, le fait que le pouvoir soit exercé par un roi. Tout au plus le peuple espère-t-il que cet homme sera tout à la fois juste et bon, c'est-à-dire qu'il saura lui-même mettre des bornes au despotisme dont il est investi par la nature même de son rang et surtout, qu'il sera à son écoute, c'est-à-dire ni cruel ni surtout trop gourmand d'impôts, puisque c'est surtout dans ce domaine que la contestation est permanente en France, à cette époque comme à la nôtre.

Perçoit-il bien le rôle que le duc de Bourgogne joue en ce jour de liesse ? C'est incontestable ! La cathédrale de Reims, en effet, sert de théâtre au goût pour le luxe du grand prince d'Occident, qui profite de l'occasion pour faire étalage de sa puissance, avec ses chevaliers, ses armes, ses joyaux, sans compter sa fortune qui, du reste, lui permet de payer ce sacre constituant ce qu'on appellerait aujourd'hui une gigantesque opération de communication. Bien évidemment, le nouveau roi ne peut que prendre ombrage de la supériorité d'apparence de celui qui, après s'être octroyé la veille le droit de l'armer lui-même chevalier, s'octroie en ce jour celui de porter la couronne et de la lui poser sur la tête, comme s'il était « le faiseur de roi », c'est-à-dire le Warwick français. Devant l'autel, comme après, au banquet offert au palais du Tau, dans lequel Philippe le Bon est assis à sa droite, il se tait, mais n'en pense pas moins, lui qui médite déjà sur l'anéantissement, le moment venu, de la trop riche, insolente et dangereuse maison de Bourgogne.

N'est-il pas, dit-on, le premier roi de France qui, le jour de son sacre, a prononcé clairement le vœu d'agrandir le royaume ? Mais, pour l'instant, il lui faut attendre et jouer le jeu. Alors, le nouveau roi laisse son « bel et bon oncle » partir en avant pour préparer son entrée solennelle dans Paris et se contente de demeurer à Reims où, après les cérémonies, il s'entretient familièrement avec le peuple, avant de se transporter enfin à Saint-Denis pour rendre hommage à la dépouille de son père, qui vient d'y être inhumé.

L'entrée dans Paris étant prévue pour la fin du mois, il se met en route pour la capitale traditionnelle de la monarchie, dans laquelle il prend discrètement ses quartiers, non pas au Louvre, résidence ordinaire du souverain depuis son aïeul Charles V, mais chez le riche bourgeois Jean Buraud, place des Percherons, qui s'est offert pour le recevoir, et non sans avoir pris la peine de désigner son historiographe officiel, Jean Castel. C'est dans ce logis que, le 31 août au matin, le duc de Bourgogne vient quérir Louis XI à la tête du grand cortège formé depuis déjà plusieurs heures sous son autorité, et qu'il ouvre avec son fils Charles, l'un et l'autre somptueusement vêtus, Philippe en particulier, arborant un nombre impressionnant de pierres précieuses sur ses habits et montant un formidable cheval, dont le chanfrein est orné d'un énorme rubis.

Tous deux encadrent à présent le roi qui fait toujours bonne figure à ses parents, du moins en apparence. Portant un habit rouge et blanc, si on en croit le témoignage du chroniqueur Jean de Troyes, Louis XI, à cheval, entre dans sa bonne ville par la porte Saint-Denis où, sous la voûte, deux petits anges, descendant dans une nef manœuvrée par une corde, le couronnent d'or. Le roi suit alors le cours de la rue Saint-Denis, précédé par cinq cavalières portant chacune l'une des lettres de Paris et suivi par six bourgeois, vêtus de satin rouge et tenant au-dessus de sa tête un dais de satin bleu semé de lis d'or. Au fil d'une progression qui s'apparente, par son complexe rituel, aux triomphes romains de jadis, le nouveau roi découvre les différentes allégories proposées à sa réflexion et à celle de ses sujets, que les échevins ont fait disposer tout au long du parcours jusqu'aux Halles.

C'est d'abord un combat de femmes et d'hommes sauvages ; ensuite un ballet de sirènes dénudées aux poitrines affriolantes s'exhibant sans gêne ni pudeur et enfin, plus religieux, une représentation de la Passion du Christ, le tout émaillé de scènes de chasse pittoresques et d'une reconstitution de la bataille de Dieppe, dans laquelle il s'était jadis illustré. Au fur et à mesure, le cortège grossit, rejoint par des notables du corps de ville et d'innombrables membres du clergé de la capitale, tandis que le peuple lance des cris de joie, comme à chaque aurore d'un nouveau règne, toujours porteur d'espoir. Mais il n'échappe à personne que les figures les plus illustres de la cour du duc de Bourgogne sont également présentes dans l'immense procession, ce qui n'est pas du goût de tous ceux qui se souviennent des exactions de la guerre de Cent Ans.

Enfin, au bout de quelque six heures de presse enthousiaste, des centaines d'oiseaux sont lâchés, tandis que l'évêque de Paris, Guillaume Chartrier, attend, à la tête de son clergé parisien, sur le parvis de Notre-Dame, que le roi daigne descendre de cheval pour baiser la croix d'argent qu'on lui tend, ainsi que l'évangéliaire. Il entre ensuite dans la cathédrale pour assister au *Te Deum* prévu, à l'issue duquel il fait le serment solennel de gouverner en protégeant ses sujets, en garantissant la justice et en maintenant les privilèges de l'Église, dont la puissance spirituelle comme temporelle en fait l'omniprésent partenaire de toute vie publique et privée du royaume.

Cette opération accomplie, il peut ensuite s'en aller présider le grand banquet et le bal, offerts au palais de la Cité, qui clôturent cette journée de liesse tout au long de laquelle, malgré l'enthousiasme des Parisiens, les tapisseries pendant aux fenêtres et les trompettes sonnant en tête de cortège, l'air morose de Louis XI n'a échappé à personne, pas même au bon peuple se précipitant sur les fontaines de vin et les victuailles largement offertes au coin des principales rues, qui scellent, une fois de plus, les éternelles noces du prince et de ses sujets.

Installé dans l'hôtel des Tournelles, proche de la porte Saint-Antoine, dans ce quartier qu'on appellera plus tard le Marais, dans une demeure plutôt modeste mais qui correspond assez bien à ses goûts, Louis XI met au point la liste des nouveaux dignitaires, consommant ainsi la perte des conseillers de son père, peut-être un peu trop rapidement, puisqu'il se prive ainsi de serviteurs de la Couronne éprouvés et expérimentés. Mais il en va ainsi de toutes les transitions politiques et celle-ci ne fait pas exception à la règle, elle dont le but est d'affirmer l'autorité du roi et, en un mot, de renforcer l'absolutisme, ce que comprennent très bien les différents rouages du pouvoir royal, à savoir l'armée, la justice et l'administration, même si la troisième est encore bien modeste.

Juvénal des Ursins, devenu entre-temps chancelier, est ainsi remplacé par Pierre de Morvilliers, le prévôt de Paris Jean d'Estouteville par le sire de l'Isle-Adam, l'amiral de France Jean de Bueil par le sire de Montauban et le maréchal de France André de Laval par le bâtard d'Armagnac, récemment fait comte de Comminges. Cette purge s'accompagne parfois d'une répression assez dure : Brézé, qui s'est d'abord caché, a fini par se constituer prisonnier, ce qui lui vaut d'être incarcéré au château de Loches. Chabannes, jugé et condamné, voit ses biens confisqués, tandis que d'autres créatures de son père sont destituées, parmi lesquelles, pour les plus notables, Tancarville, Gaucourt, Daurat, Goufier, Cousinot et Chevalier. Et, au fil des mois, ce ne sont pas seulement les têtes les plus élevées qui sont remplacées, mais aussi de modestes officiers civils et militaires servant dans les provinces, faisant ainsi les frais de ce que certains veulent voir comme un authentique règlement de comptes politique.

Certes, avec le temps, Louis XI reviendra sur certaines nominations ou révocations un peu trop hâtives, mais il est incontestable qu'il impose sa marque dès le début de son règne, comme s'il y avait longuement réfléchi lorsqu'il n'était que l'héritier du trône, exilé de son pays, loin de son père le roi, et sans influence aucune, ou presque. Telle est la dure règle de l'alternance politique, qui, au fond, n'a pas véritablement changé aujourd'hui. Parallèlement, sont promus, au poste de grand maître de France, Antoine de Croÿ, à celui de capitaine du château de Vincennes, Carestain, et à celui de gouverneur de Guyenne, Lescun, fidèles parmi les fidèles, sans compter nombre de nouveaux capitaines, maîtres des requêtes ou maîtres des monnaies choisis parmi les proches du roi, bien que tous ne soient pas à la hauteur de leur fonction. Si, en cette matière, le jeune souverain joue la carte de la rupture, c'est en revanche celle de la continuité qu'il choisit en matière de train de vie, puisqu'il annonce – et il tiendra parole ! – qu'il vivra aussi modestement dans l'avenir que par le passé.

Louis XI passe à peine plus d'un mois à Paris, puisque, à l'issue des incontournables bals, tournois et festins donnés en son honneur, et dont il se lasse assez vite, le 23 septembre, il quitte cette cité que, décidément, il n'aime guère et ne comprend pas davantage, pour prendre, à petites étapes, le chemin de la Loire. Il est difficile pour nos esprits contemporains de concevoir que le nouveau roi, à peine installé dans ses fonctions, quitte aussitôt la capitale. Mais il faut comprendre que, d'une part, Louis XI n'a jamais vécu à Paris, et que, de l'autre, là où se trouve le monarque se trouve l'État, comme on le verra plus tard lorsque Louis XIV prendra ses quartiers à Versailles. Les Parisiens sont-ils déçus de cette absence royale entre leurs murs ? Rien n'est moins sûr : ils en ont depuis longtemps l'habitude, à une époque où la notion de capitale n'a strictement rien à voir avec ce qu'elle recouvre aujourd'hui.

Au passage, comme le prescrit la tradition du « joyeux avènement », le nouveau roi, au fil de son voyage, libère les prisonniers, comme ce mauvais garçon un peu poète, incarcéré jusque-là à Meung-sur-Loire, dont le nom, bien sûr, ne lui dit rien et qu'il ne rencontre même pas, même si l'historien eût tant aimé que leurs destins se croisassent à cette occasion. Reconnaissant, l'ancien protagoniste du cambriolage du collège de Navarre, à Paris, compose aussitôt ces vers de remerciements :

Loué soit-il, et Notre Dame
Et Louis, le bon roi de France !
Auquel donne Dieu l'heure de Jacob
Et de Salomon l'honneur et gloire
Afin que de lui soit mémoire
Vivre autant que Mathusalem.
Et douze beaux enfants, tous mâles
Voir de son cher sang royal
Aussi preux que fut le Grand Charles
Conçus en ventre nuptial
Bons comme le fut saint Martial
Ainsi en prenne au feu dauphin
Je ne lui souhaite aucun mal
Et puis paradis à la fin !
Écrit en l'an soixante et un
Lorsque le roi me délivra
De la dure prison de Meung
Et que vie me recouvra
Dont suis, tant que mon cœur vivra
Tenu vers lui m'humilier
Ce que fera jusqu'il mourra
Bienfait ne doit oublier…

Ce poète, c'est François Villon. Heureux d'être enfin libre, il s'en retourne à Paris, où, de nouveau, il va se compromettre, cette fois dans une rixe. Condamné à être pendu, il fera appel du jugement et le parlement lui donnera raison. Pourquoi disparaît-il alors ? Nul ne le sait, comme nul ne sait ce qu'il est advenu de ce poète qui restera l'un des plus emblématiques du règne de Louis XI.

En attendant, Orléans, Blois, Tours sont les principales cités du périple royal, dans lesquelles Louis XI retrouve tout à la fois les sites de son enfance et l'environnement traditionnel des Valois, en particulier à Tours, où il prend bientôt ses quartiers, puisqu'il juge qu'elle se trouve au centre de ses États. À l'image de nombre de Français, à son époque comme à la nôtre, il n'est en rien un Parisien et ne le sera jamais, lui qui sait depuis toujours qu'on ne peut bien vivre que dans les provinces, loin de la concentration souvent malsaine de la grande cité, avec sa foule incontrôlable, ses cabales innombrables et la superficialité de ses habitants.

Comme du Bellay après lui, rien ne vaut à ses yeux la douceur d'une matinée au bord de la Loire, dont les poètes disent qu'elle est « le fleuve des rois et le roi des fleuves », la beauté de ses forêts, au crépuscule, lorsqu'il rentre de la chasse, et l'admirable harmonie des vignobles dorant au soleil de l'été finissant, que tant de poètes et d'écrivains célèbrent et célébreront à l'avenir, de Rabelais à Ronsard, de Balzac à Vigny en passant par tant d'autres. Jusqu'à son dernier souffle, dans ce paysage dont il ne se lassera jamais, il change sans cesse de quartier : un mois à Amboise, un autre à Montargis, un troisième à Langeais, un quatrième à

Chinon, un cinquième à Tours, où il passe des périodes plus longues, et bientôt à Plessis-les-Tours qui, au fil du temps, va devenir sa résidence préférée, sa thébaïde, le point fixe à l'horizon de son destin, et sur la porte de laquelle il pourrait faire graver la formule que Dioclétien avait fait figurer sur son palais de Trieste : «*Inveni portum*» («J'ai trouvé le port»).

Certes, ce goût pour une région qui fut naguère son berceau ne l'empêche pas de la quitter souvent pour continuer à voyager dans les provinces, puisque, quelques mois après être revenu à Tours, il effectue son premier déplacement officiel, choisissant à cet effet La Rochelle, puis Bordeaux, qu'il visite au mois de janvier 1462, avant de courir à nouveau les chemins, deux années durant, d'ouest en est et du nord au sud, se faisant faire, pour rendre sa mission plus efficace, un carrosse spécial, dans lequel il peut lire, écrire et même recevoir tous ceux qui espèrent une audience, à la seule condition de ne pas rater la caravane royale, souvent partie lorsqu'ils se présentent.

Tout au long de ce premier périple, qui sera suivi de beaucoup d'autres, selon ses habitudes, le roi discute avec ses interlocuteurs, écoute leur opinion, mais se forge aussi la sienne, dans la perspective qu'il s'est déjà fixée : réformer en profondeur le royaume que le Tout-Puissant lui a confié et avec lui les quinze millions d'âmes le composant. Quelques mois à peine après sa prise de pouvoir personnel, pour reprendre une heureuse expression qu'un cinéaste utilisa jadis pour un autre roi de France, Louis XIV, il n'échappe à personne que le nouveau maître du pays a rapidement trouvé le ton de l'équilibre, auquel il va demeurer fidèle jusqu'au bout, tenant en respect d'une part Paris et de l'autre la haute noblesse féodale et ses voisins, en particulier les Anglais, tout en imposant ses hommes aux postes clés, avec pour mission de mettre en œuvre la politique qu'il commence à élaborer dans le secret de son intimité.

Naturellement, c'est souvent une politique d'équilibriste, parfois dangereuse, mais, comme les chats, Louis XI retombe toujours sur ses pattes. Quels que soient les problèmes rencontrés, de tous les souverains qui se sont succédé jusqu'à lui, il est incontestablement celui qui entre le plus rapidement dans la peau du personnage, celui qui s'impose aussi vite comme le roi, parfaitement lucide sur la mission qui l'attend, si loin d'un Louis XVI qui, apprenant qu'il est roi, se mettra à prier Dieu en ne cachant à personne qu'il n'est pas prêt ! Cela, ses proches le comprennent parfaitement, de même que les observateurs de la vie publique française.

Tel est le cas du moins du diplomate Prospero da Camogli, qui mesure la métamorphose de l'« *inepto Delfino* en un *apissimo re* de France », au terme d'un processus qu'on peut comparer à celui du papillon sortant de sa chrysalide. Il est temps, du reste, de se mettre sérieusement au travail, et rien ne saurait distraire celui que la destinée a placé à la tête d'un pays en profonde mutation, qui plus est au moment où les Anglais en ont été chassés, et que s'ouvre une nouvelle époque, avec une nouvelle donne politique, diplomatique et même économique, qu'il lui appartiendra de conduire, dès qu'il aura liquidé l'héritage de son père.

Un nouveau souverain prend place sur le trône de France avec comme contemporains d'autres personnages historiques sous le ciel d'Europe et du monde, qui seront, pour certains, ses interlocuteurs. Ainsi, en Angleterre, règne Édouard IV, de la maison d'York, qui vient de ravir le trône à Henri VI, et en Écosse Jacques III de la maison des Stuarts, le second plus proche de la France, par tradition familiale. Plus à l'est : Christian Ier, roi de Danemark ; Casimir IV Jagellon, roi de Pologne ; Vassili II, puis Ivan III, grands-princes de Moscovie ; Frédéric III, empereur du Saint Empire romain germanique ; Mehmet II, sultan de l'Empire ottoman. Au sud, les royaumes d'Aragon et de Castille, aux mains des rois Pierre et Jean, sont encore séparés, mais ils vont être réunis à la fin de son règne par le mariage de leurs enfants, Ferdinand et Isabelle, qui vont bientôt jeter les bases de l'Espagne moderne. L'Italie, elle, demeure encore pour longtemps un conglomérat d'États, dont certains sont des républiques patriarcales, comme Gênes et Venise, et d'autres des principautés ou des royaumes sur lesquels règnent les Sforza (Milan) et les Médicis (Florence), dont l'ascension est notable. Quant au pape, maître de Rome, il s'agit de Pie II, de la maison della Rovere. Point n'est besoin de préciser que Chenghua règne sur la Chine et Tsuchimikado sur le Japon, la géopolitique européenne ne va pas encore jusque-là.

Entre toutes ces puissances, des États plus modestes, mais bien réels, sont toujours en quête d'identité dans le jeu diplomatique : le Portugal, la Navarre, la Savoie, voire les cantons suisses, qui s'affichent parmi les plus turbulents. Force est de reconnaître qu'il n'est pas toujours facile de s'y retrouver, mais Louis XI, expert en diplomatie, finira par devenir un maître en matière de relations internationales, à l'heure où il prend les commandes de ce qui, malgré les guerres, les épidémies et la misère du temps, est toujours considéré, depuis saint Louis, comme le plus beau des royaumes, cette France qui, comme le phénix, renaît toujours de ses cendres et à laquelle il entend bien se consacrer totalement et sans réserve aucune.

Le nouveau roi des lis, en effet, plus que tout autre avant lui, manifeste dès son avènement un goût particulier pour le travail quotidien, auquel il ne manquera jamais jusqu'à ce que la maladie qui l'emportera l'empêche d'accomplir son métier. Pour notre esprit contemporain, il est certes tout à fait naturel que le chef de l'État se consacre, chaque matin, à sa tâche, puisqu'il a été élu pour cela. Mais cette manière d'être est nouvelle au XVe siècle et ne manque pas d'étonner les sujets du roi, tout comme les ambassadeurs, témoins privilégiés de la vie des chefs d'État à cette époque.

Passant chaque jour de longues heures à sa table de travail, Louis XI lit en effet toutes les correspondances officielles, apostille les notes de ses secrétaires (Baude Meurin, Jean Bourré, Jean de La Loère, pour les principaux), s'entretient avec ses collaborateurs, écoute leurs arguments et s'intéresse à tous les sujets, qu'il s'agisse d'ordre public, de justice, d'économie, de finances, de guerre ou de diplomatie, rien n'échappant désormais à son attention.

Jean Favier a démontré que Louis XI demeure le souverain dont on conserve le plus grand nombre de lettres autographes, ce qui, ajouté aux missives rédigées par ses secrétaires sous sa dictée, démontre non seulement son ardeur à la tâche mais encore son intérêt pour les échanges. Il sera d'ailleurs bientôt, en 1479, sinon l'inventeur de la poste, du moins son précurseur, en France. Dans ces documents au style délié, souvent drôle, parfois amical, il manifeste toujours une réelle aisance intellectuelle, un sens subtil des relations humaines, une très grande courtoisie, faisant le roi lorsqu'il le faut, mais sachant aussi se comporter en ami fidèle avec tous ceux dont il a besoin ou à qui il sait manifester sa reconnaissance pour services rendus.

S'entourant de spécialistes, surtout en matière de finances, et de proches conseillers en qui il a toute confiance, c'est un homme qui, tout en conservant un pouvoir dont il sait d'instinct et d'expérience qu'il ne se partage pas, sait déléguer et impulser les initiatives, d'autant qu'il n'adhère nullement aux préjugés de la noblesse quant à la naissance de ceux qui savent le servir. Bien au contraire, Louis XI aime les êtres d'origine modeste, qu'il élève à son gré et qui ne lui en seront que plus reconnaissants, tel Olivier Le Daim, son ancien barbier promu diplomate. Cela provoquera l'ire de la noblesse de souche, mais le roi n'en aura cure, lui qui, jusqu'au soir de sa vie, sera seul juge de ses affaires et de ceux qui y participent. Il en ira de ses serviteurs comme de ces espions qu'il emploie en assez grand nombre pour tout savoir dans son royaume et hors de celui-ci, ce qui ne constitue nullement une exception chez les souverains de cette époque qui pratiquent régulièrement le « retournement » de leurs adversaires, jeu dans lequel Louis XI passera maître.

Ainsi, dès l'aurore de son règne, par sa présence quotidienne au travail, le volume de ses correspondances, le nombre et la qualité de ses collaborateurs, par son intérêt pour les sujets les plus divers, et plus encore sa capacité d'écoute et d'analyse, Louis XI, au-delà des palinodies qu'on lui reproche, montre bien, même s'il ne se considère que comme « l'officier de sa Couronne », qu'il est bien un souverain du fond et non de la forme, un roi pour qui le pouvoir n'est pas une illusion mais bien une réalité, celle d'un homme qui veut peser sur le cours des choses et non le subir et qui résume d'un mot sa seule ambition : « La préservation de l'État et la défense du royaume. » En réalité, rien que cela et tout cela à la fois, puisque la suite ne va désormais dépendre que de cet adage ou de cette injonction qui va servir à la fois de devise et de programme à un monarque qui commence son règne dans le calme, la réflexion et la détermination – aux antipodes, en somme, des princes de son temps, plus soucieux de leur gloire que de leur mission.

6.

Le souffle du changement

> « Faites ce que je dis ; ne faites pas ce que je fais. »
>
> Louis XI

Comme à son habitude, vêtu d'un vieil habit de drap et coiffé d'un chapeau de castor usagé, il se promène dans le jardin du château de Langeais ou sur l'une des promenades de ses remparts, son chien préféré le suivant, collé à ses chausses, bavardant sans façon avec ses familiers ou nourrissant lui-même les oiseaux de la volière. En apparence, rien ne le distingue des autres membres de ce petit groupe d'hommes, sauf cet air d'autorité naturelle, grâce à laquelle il est obéi sans qu'il lui soit nécessaire d'élever la voix. S'asseyant sur une simple pierre posée au sol ou contemplant le paysage de ce Val de Loire qu'il aime tant, parce qu'il s'y sent véritablement chez lui depuis son enfance, il écoute attentivement ce qu'on lui dit et ne manifeste pas d'impatience si quelqu'un émet en sa présence un avis différent du sien. Le regard perdu à l'horizon, il réfléchit, en homme qui déteste parler pour ne rien dire, avant d'acquiescer à une proposition, répondre à une question ou formuler un ordre.

Certains imaginent les rois assis sur un trône, portant couronne et soieries brodées d'or, habitués à ce que tout plie devant eux. Grand est leur étonnement quand ils voient ainsi Louis le onzième dans son intimité quotidienne. En 1466, il imagine de réformer brutalement la fiscalité d'une des généralités de son royaume. Ses conseillers s'opposent à cette idée, ce qui le met en colère. Qu'à cela ne tienne, on lui remet un mémoire dans lequel il est démontré qu'il a tort : le roi change aussitôt d'avis ! Ce n'est qu'une anecdote, mais elle est révélatrice d'une certaine manière de gouverner qui, si Louis XIV l'eût faite sienne, l'aurait empêché de signer la révocation de l'édit de Nantes…

C'est que, depuis qu'il a naguère exercé son pouvoir de Dauphin, le jeune roi a longuement réfléchi aux réformes qu'il mettrait en œuvre dès lors qu'il serait roi, puisqu'il savait qu'un jour cette perspective se concrétiserait. Cela explique pourquoi il n'est pas pris au dépourvu lorsqu'il se met à la tâche, et prend aussitôt une série de mesures pour améliorer d'abord les impôts, ensuite l'agriculture, enfin une administration royale, certes encore embryonnaire, mais dont il exige désormais un meilleur rendement.

De même ne tarde-t-il pas à faire savoir que, compte tenu de la situation économique héritée de la guerre, il faut faire des économies et, à la surprise générale, c'est en premier lieu à lui-même qu'il applique cette mesure en réduisant significativement son train de vie, bien qu'il ait toujours été, de ce côté-là, sobre dans ses goûts et ses besoins. C'est une rupture totale de politique, donc, par rapport à son père, mais aussi une rupture de style : autant Charles VII avait aimé le luxe, le faste et l'hédonisme, autant son fils rejette ce qu'il ne considère pas comme des valeurs, mais comme des fautes.

Grand voyageur, il s'accommode des auberges, qui pourtant ne présentent aucun confort, et n'hésite pas à y convoquer les ministres et les ambassadeurs. Ne raconte-t-on pas, alors qu'à l'automne 1463 il chevauche en direction d'Hesdin où il doit retrouver le duc de Bourgogne, que les villageois apprennent avec stupéfaction que ce voyageur vêtu d'un vieil habit de drap gris qui traverse leur bourg n'est autre que leur souverain ? Un chroniqueur raconte : « Est-ce cela un roi de France, le plus grand roi du monde ? Ce semble mieux un chevalier. Tout ne vaut pas vingt francs, cheval et habillement de son corps. Encore est notre duc, notre prince, un soleil d'homme et une image qui représente haute personne ? »

Ne dit-on pas qu'un jour où un chevalier se présenta à lui avec une élégance par trop recherchée, il lança à son entourage : « Par la Pâques-Dieu, cet homme n'est point à moi. Je le désavoue et à moi ne sera jamais. Il est vêtu de soie et plus beau que moi » ?

Son seul luxe demeure ses oiseaux et ses chiens, pour lesquels il est toujours prêt à débourser de grosses sommes s'il le faut, mais qu'il reçoit souvent en présent de tous ceux, courtisans ou diplomates, qui attendent de lui quelque chose de précis, sachant par la rumeur que rien ne peut lui faire plus de plaisir.

Il est évident qu'une telle activité ne facilite pas la vie de famille, puisque le roi, errant, travaillant ou chassant, ne revoit la reine que pour d'éphémères retrouvailles, le plus souvent à Amboise, dont elle a fait sa résidence. Un château encore bien modeste d'ailleurs, si on le compare à ce qu'en feront Charles VIII, Louis XII et François Ier plus tard, mais magnifiquement situé, au-dessus du fleuve et proche d'une forêt giboyeuse dans laquelle le roi aime chasser. La bien peu séduisante reine est-elle heureuse de recevoir les visites de son mari, qu'un diplomate décrit comme « un homme de taille moyenne, avec des cheveux noirs, un visage brun, des yeux profondément enfoncés dans leurs orbites, un long nez et de petites jambes » ? On ne sait, mais celles-ci sont davantage dictées par l'intérêt que par l'affection, et encore moins l'amour. Il est vrai que le même témoin la trouve « de beauté médiocre », ce qui ne fait pas du couple royal un modèle de conte de fées !

En effet, ce cadre idyllique n'empêche pas une certaine mélancolie de s'installer chez une souveraine dont le fameux Brantôme dresse ici le portrait : « Il la tenait comme une simple dame, portant fort petit état, et aussi mal habillée que simple demoiselle, et la laissait là, avec sa petite cour à faire ses prières et lui s'allait promener et donner du bon temps ailleurs. » À Amboise, Louis rend ses devoirs d'époux à la docile, discrète et soumise Charlotte, que récompense la naissance de nouveaux enfants, dont elle s'occupe avec ses servantes – quatre fils qui ne dépasseront pas leur première année ainsi que deux filles – et, plus particulièrement, le garçon qu'elle mettra enfin au monde, Charles, le nouveau Dauphin, l'héritier du trône, dont l'humaniste Guillaume Tardy va bientôt assurer l'éducation.

Soucieux de toucher à tous les domaines de la vie

publique, le roi porte d'abord son attention sur l'Église : à cette époque, elle est, avec la Couronne, le deuxième socle de la société médiévale. Moins de six mois après son sacre, il abolit la Pragmatique Sanction, instaurée par son propre père à Bourges en 1438, et qui avait pour but de limiter, au profit du pouvoir royal, les droits de la cour de Rome en matière de nomination aux évêchés et aux abbayes, de perception des revenus ecclésiastiques, d'appels, d'excommunications ou d'interdits de toutes sortes, et ce pour satisfaire les revendications du pape Pie II, qui ne l'avait jamais acceptée.

Mais le parlement de Paris, qui incarne la résistance gallicane face à Rome, va refuser d'enregistrer les lettres royales, de telle sorte que la Pragmatique Sanction continuera d'être appliquée jusqu'à la signature par François Ier du concordat de 1516, comme dans les autres royaumes européens, dont les souverains veulent conserver le droit de nommer et de distribuer les bénéfices ecclésiastiques.

Louis XI joue ainsi sur les deux tableaux. D'une part en donnant officiellement satisfaction au souverain pontife, à qui il restitue le Valentinois, mais sans effet réel, puisque le parlement du Dauphiné refuse d'entériner cette cession. D'autre part en conservant une véritable autorité sur le clergé de France, renforçant ainsi le gallicanisme auquel il demeure largement attaché. Cela aura pour conséquence immédiate de susciter le mécontentement du pape qui, s'apercevant que le roi de France l'a trompé doublement, lui dépêche bientôt deux émissaires assez arrogants, que Louis XI renvoie aussitôt à Rome, malgré la menace d'une excommunication à laquelle le pape finit par renoncer.

Mais, en août 1464, Pie II s'éteint après une longue maladie, sa mort réglant par là même, pour quelque temps du moins, la question des relations entre la France et le Saint-Siège, ce qui laisse le champ libre à Louis XI. De ce jour, le roi offre un double visage, comme le feront tous les rois de France après lui. D'un côté, il se montre « empereur dans son pays », c'est-à-dire maître de ses affaires, y compris religieuses. D'un autre, il se montre fils soumis de l'Église et bon catholique, assistant à la messe tous les matins. Sans doute est-ce le sens que Nicolas Gosse a voulu donner à ce tableau, qu'il peint à l'époque romantique et que conserve le musée de Loches : on y voit le roi, à genoux, sur un carreau fleurdelisé, soutenu par sa fille Anne portant hennin et robe doublée d'hermine, et faisant amende honorable au pied d'un moine, dont le doigt levé montre le ciel.

Cela fait, Louis XI se tourne ensuite vers la noblesse, qu'il commence à écarter des affaires de l'État, choisissant délibérément de puiser ses serviteurs dans ce qu'on n'appelle pas encore la classe moyenne, mais qui en tient lieu, inaugurant une tradition qui se développera jusqu'à Louis XIV. Les grands féodaux, dont il perçoit tout le danger qu'ils représentent, sont donc progressivement écartés des principaux commandements civils et militaires, donnés à des amis d'autant plus fidèles qu'ils doivent toute leur carrière au roi.

Une anecdote est révélatrice de cette volonté. En 1464 naît sa fille, Jeanne de France, dont la laideur, la petitesse et les multiples disgrâces – elle est tout à la fois contrefaite et boiteuse ! – vont horrifier tous ceux qui la verront, malgré sa douceur, sa gentillesse et sa piété. Alors qu'elle est encore très jeune, son père va la marier au fils du duc d'Orléans, avec l'espoir secret que cette union demeure stérile et que disparaisse ainsi l'un des plus grands feudataires du royaume. Le piège ne fonctionnera pas : devenu le roi Louis XII, le duc d'Orléans répudiera la fille de Louis XI pour épouser Anne de Bretagne. Mais l'histoire témoigne bien de l'esprit du souverain qui, à ce moment, n'imagine pas que son gendre puisse un jour devenir l'un de ses successeurs.

Cette méfiance des grands corps face à l'institution monarchique lui inspire-t-elle cette idée de roi/chef d'État au-dessus d'eux ? Sans aucun doute ! Le concept de progressive centralisation du pouvoir, appelé à de beaux jours après lui, naît bien sous son autorité, lui inspirant un certain nombre de décisions, dont la première est le recensement des us et coutumes de son royaume, auxquels il souhaite donner unité et cohérence. Cette centralisation touche de nombreux domaines, en particulier celui de la justice, qu'il réorganise en créant de nouveaux parlements avec mission de privilégier la justice du roi plutôt que celle des féodaux, tout en contenant soigneusement les revendications politiques exprimées par leurs membres qui prétendent toujours contrôler les pouvoirs du souverain.

En fait, jusqu'à la fin de son règne, le roi et son chancelier devront batailler ferme pour briser les résistances des parlementaires, certes monarchistes convaincus, mais adversaires résolus de l'absolutisme. En 1477, Louis XI n'hésite pas à leur lancer : « Vous êtes sujets de la Couronne et y devez votre loyauté. »

Dernier domaine qu'on dirait aujourd'hui réservé,

l'armée : le roi en est naturellement le chef, et elle requiert toute son attention, conformément à la tradition capétienne faisant du souverain le premier des généraux, le stratège suprême, le chevalier toujours disponible. Pour lui qui, dès son plus jeune âge, a déjà fait ses preuves au combat, c'est une évidence. Louis XI, comme nombre de ses aïeux, a été, selon sa propre expression, « élevé en pleine guerre ». Il mesure donc toute l'importance de disposer d'une armée suffisamment nombreuse, bien équipée et bien encadrée, ce à quoi il s'emploie dès le début de son règne, conscient de la réalité de la situation géopolitique du moment. Il n'aura de cesse de réformer l'organisation de ses troupes afin d'améliorer leur fonctionnement, notamment en divisant les commandements ; en renforçant la discipline ; en améliorant l'équipement des lanciers, archers et arbalétriers ; en attirant les volontaires suisses ; en créant un corps permanent d'infanterie et en réquisitionnant, lorsqu'il le faut, les milices urbaines. Il n'en oublie pas pour autant l'artillerie qui, pour être encore rudimentaire, ne commence pas moins à jouer un rôle important dans les batailles.

Tout cela démontre la très grande modernité du souverain, qui s'intéresse aux « technologies les plus avancées », même si ce terme n'existe pas encore, qu'il s'agisse d'armement, de fortifications, ou même d'intendance. Toutes ces préoccupations prouvent, en tout cas, qu'aucun aspect de sa mission ne lui échappe, à l'exception, peut-être, des questions maritimes qui n'intéressent pas ce terrien invétéré, roi d'une grande nation paysanne, mais peu tournée, contrairement à l'Angleterre, vers le grand large, ce dont il se repentira plus tard, dès lors qu'il mesurera tout l'intérêt de posséder une marine de guerre, en matière diplomatique ou stratégique, domaine dans lequel excellent ses rivaux d'outre-Manche.

Tout cela, naturellement, a un coût, et le budget de la guerre obère plus que tout autre celui de l'État, quoique celui de la paix soit souvent pire, dès lors qu'il s'agit de l'acheter. Dans ce domaine, Louis XI, dès le début de son règne – et malgré les promesses faites lorsque son père vivait encore –, met en place une fiscalité qui, au fil des années, va s'avérer de plus en plus lourde, comme au reste il l'avait fait lorsqu'il gouvernait le Dauphiné. Celle-ci repose sur les aides indirectes et les gabelles, ainsi que les produits de la taille. Ce principe n'ira pas sans contestation, sans longues et complexes négociations avec les États provinciaux, les corps de villes et même le clergé (pour les dons plus ou moins consentis), sans recherches, par les gens de finance, pour débusquer ceux qui tentent d'échapper à l'impôt. Mais la France cédera devant la détermination d'un roi qui sait que la fiscalité contribue à la grandeur des États et augmente les capacités de manœuvre de son chef.

Fort de cette nouvelle donne, le roi peut aborder l'importante question de la diplomatie, lui qui consacre une grande partie de son temps à observer ce que font ses voisins et à réfléchir naturellement aux moyens de contenir leurs ambitions, quand il ne s'implique pas directement, comme dans la crise de succession du royaume d'Aragon. En 1458, le chef de cet État indépendant, non encore unifié à la Castille et dans une Espagne qui n'existe pas encore, Alphonse le Magnanime, était mort, bientôt suivi par Charles, prince de Viane, probablement assassiné sur ordre de son père, Jean II, qui visait la Couronne. Il en avait résulté une guerre civile, initiée par la seconde femme de ce dernier, Jeanne Enriquez, bientôt suivie d'une rébellion des Catalans n'acceptant pas l'autorité de Jean. Louis offre d'abord son aide à ces derniers, qui la refusent, estimant, sans doute à juste titre, que le roi de France est plus dangereux que le tyran aragonais.

Tout naturellement, Louis, à qui Jean a envoyé Bernard d'Oms en ambassade, lui propose de l'aider en lui fournissant quelque 7 000 hommes armés, commandés par Gaston IV de Foix, à concurrence de 300 000 écus d'or. C'est, là encore, un habile double jeu : la Catalogne est rapidement soumise par les Français, et Jean n'a pas de quoi le rembourser. Louis XI, qui se flatte de « ne pas avoir perdu son écot », ne tarde pas à lui présenter l'addition : les comtés de Roussillon et de Cerdagne, avec leurs importants châteaux de Perpignan et de Collioure, ôtés à la Catalogne, alors dépendante de l'Aragon, et aussitôt réunis à la couronne de France, en vertu du traité d'Olite signé le 12 avril 1462. Faisant, par ce même traité, d'une pierre deux coups, le roi d'Aragon lègue la Navarre à sa fille Éléonore, mariée à Gaston IV, comte de Foix, ce qui intègre cette autre province espagnole à l'orbite française, après une simple promenade militaire dirigée par Jacques d'Armagnac.

Certes, le roi de France a pendant un moment caressé l'espoir de s'emparer de la totalité de la Catalogne, avant de s'aviser que cela lui coûterait trop d'argent et d'hommes. Mais ces deux enclaves constituent tout de même un joli succès. Et ce n'est pas tout. L'année suivante, Louis réunit à Bayonne les rois d'Aragon et de Castille, qui ont sollicité sa médiation dans le différend qui les oppose, ce qui conforte son autorité diplomatique en Europe.

Parallèlement, Louis, toujours en quête d'alliés, renforce son amitié, certes intéressée, avec le duc de Milan, Francesco Sforza, ce qui l'oblige à jouer un jeu particulièrement complexe, puisque ce dernier est l'ennemi du duc d'Anjou, le propre oncle du roi de France, en raison de leurs visées communes sur Naples. Là encore, Louis XI va progressivement s'imposer comme l'arbitre des conflits dans cette péninsule dont le pape, le duc de Milan et le roi de Naples se disputent le leadership, sans compter le beau-père du roi de France, le duc de Savoie, dont le gendre, sans le dire, convoite les États.

Mais c'est naturellement l'Angleterre qui retient toute son attention, même si elle ne constitue plus la principale menace contre la France. Le roi, en effet, épie l'encore très jeune Édouard IV, au nom duquel gouverne le puissant Warwick, auprès de qui il multiplie les propositions de paix, avec le ferme espoir d'en finir avec cette guerre de Cent Ans qui n'est, à ce jour, qu'interrompue. En effet, l'enfant assis sur le trône de Londres et qui fait office de monarque porte toujours le titre de roi d'Angleterre et… de France. Pendant quelque temps, Louis XI caresse l'idée de marier sa belle-sœur Bonne de Savoie à Édouard IV, projet qui ne verra jamais le jour, puisque ce dernier choisira un autre parti. Mais Louis XI montre que ce sont les voies pacifiques qui répondent le mieux à ses vœux, tandis qu'il parvient habilement, malgré tout, à prolonger la trêve franco-anglaise jusqu'en 1465.

Une question se pose : le danger vient-il de l'extérieur ou de l'intérieur du royaume ? Louis ne relâche pas son attention, lui qui sait d'instinct que tout ce qui est trop puissant fait de l'ombre à la royauté. Et ils sont encore trop nombreux, ces grands seigneurs avides d'argent, de pouvoir et de guerres, qui des quatre coins du royaume semblent le défier même si, en apparence, ils lui font bonne figure. Ainsi en est-il, à l'ouest, de l'Anjou, qui appartient à son oncle, le roi René, par ailleurs souverain de la Provence ; ainsi que du Maine, qui est aux mains de son frère cadet, Charles, avec lequel il ne s'entend guère ; et, plus loin encore, de la Bretagne, duché encore indépendant, que tient François II.

De toute évidence, ces trois maisons princières font de l'ombre à la couronne de France et il est essentiel de les tenir à distance. Mais ce n'est pas tout. Des deux côtés de l'Île-de-France, le duc d'Orléans tient le Valois, l'Orléanais et le Blésois, avec pour satellites les cousins de la branche cadette et les bâtards de la branche aînée, qui, eux, sont maîtres d'Angoulême et de quelques autres fiefs environnants. À elle seule, la puissante maison de Bourbon, incarnée par Jean II, et ses branches collatérales dominent l'Auvergne, le Forez, le Beaujolais, ainsi que quelques terres éparses, parmi lesquelles Vendôme et Alençon, tandis que les Penthièvre jouissent du Périgord et du Limousin. La situation n'est guère plus simple dans le Sud-Ouest, qui est en partie sous la domination du comte Gaston de Foix-Béarn, dont le fils va devenir son beau-frère depuis son mariage avec Madeleine de France, qui règne, lui, sur les Pyrénées et la Gascogne, et en partie sous celle des comtes d'Armagnac, maîtres d'un domaine hybride allant d'Auch à Narbonne, en passant par Rodez.

Quant à l'est, si le Dauphiné – ce qu'il sait mieux que quiconque ! – est bien à lui, la Savoie, sur laquelle règne son autre beau-frère Amédée, époux de Yolande de France, est toujours un État indépendant. Enfin, la maison de Luxembourg, que tient Louis, comte de Saint-Pol, n'est pas à négliger. Le danger le plus pressant demeure cependant la Bourgogne, même si, en apparence, le grand-duc d'Occident et le nouveau roi de France affichent leur entente, le second surtout, qui appelle le premier son père, sans s'apercevoir que ce dernier a déjà circonscrit son entourage. Cette prévenance s'explique par un élémentaire instinct de prudence. La Bourgogne, en effet, est toujours l'alliée de l'Angleterre avec laquelle elle tient ce que Charles VII n'avait pu reconquérir, en particulier, au nord de la France, la Picardie.

Bien sûr, en ce début de règne, l'entente entre le roi et son oncle Philippe le Bon est excellente et Louis XI va même jusqu'à nommer son cousin Charles, comte de Charolais, lieutenant général en Normandie. Et lorsque ce dernier entre en conflit avec son père, le roi de France prend parti pour le duc et révoque son fils. Cela explique pourquoi, au lendemain de l'affaire d'Aragon, Louis XI, qui a quitté le sud de la France pour remonter vers le nord, a pu réunir les 400 000 écus d'or nécessaires au rachat des cités de la Somme, prévu par le traité d'Arras, que son père avait signé un peu moins de trente ans auparavant. Il fait donc à nouveau entrer dans le territoire de la Couronne, d'ouest en est, Saint-Valery, Le Crotoy, Abbeville, Amiens, Corbie, Péronne, Ham et Saint-Quentin, qui, à présent, lui réservent un accueil enthousiaste, celui traditionnellement réservé aux libérateurs. Cette belle entente avec la Bourgogne, certes, ne durera que jusqu'à l'année suivante, mais, en attendant, avec les coudées franches au nord comme au sud, il a incontestablement anéanti l'héritage de Charles VII.

Cette tâche accomplie, Louis XI peut désormais se considérer comme seul maître à bord, ce que symbolise la couronne fermée qu'il a portée, pour la première fois, le jour de son sacre, exprimant qu'il n'a ni compte ni hommage à rendre à personne et que toutes les terres sur lesquelles il règne sont indépendantes. À peine sur le trône, il a fait de la belle ouvrage et ses sujets comme ses voisins le savent, eux qui, s'ils ne l'aiment pas, commencent à le craindre, réalisant que cet homme sans séduction apparente, mais à l'intelligence vive, peut bientôt s'avérer, sinon comme l'homme le plus puissant d'Europe, du moins comme le plus dangereux. Et ce, non seulement parce qu'il a de la suite dans les idées, de la volonté, de la détermination, mais encore, et c'est plus rare, de la méthode.

Personne, désormais, ne saurait en douter : c'est un grand règne qui commence – et moins que quiconque les membres du Conseil qui, chaque fois que le roi les convoque, ne peuvent qu'admirer son talent pour les affaires, son sang-froid et cette manière si particulière de décider seul, mais après avoir pris l'avis de tous, ce qui, au fond, est la marque des grands dirigeants, tout au moins ceux de la vieille tradition capétienne qu'il incarne si magistralement et incarnera jusqu'à la mort, sans possibilité de se soustraire à une charge – il n'en doute pas une seconde – à laquelle Dieu seul l'a appelé et à qui seul il doit rendre compte de la manière dont il l'aura assumée.

7.

La lutte contre la Ligue

« Qui s'y frotte s'y pique. »

Louis XI

Le repas s'achève dans la bonne humeur, et les convives, mis en joie par le petit vin de Chinon, se risquent à lancer quelque bonne plaisanterie, de celles qu'ont toujours prisées les réunions d'hommes, parlant d'abord de la guerre, puis de la chasse et enfin des femmes, leurs sujets préférés depuis que le monde est monde. Sous la nappe, les chiens se disputent les morceaux tombés à terre, tandis que les flammes de l'immense cheminée éclairent et chauffent tout à la fois la vaste pièce aux fenêtres rares, au centre de laquelle un plateau de bois, posé sur des tréteaux, fait office de table.

Les rires fusent autour de celui qui occupe l'espace central et qui ne déteste pas lever le coude lorsqu'il est en joyeuse compagnie, se détendant ainsi de la pression des affaires de l'État et relâchant un moment la constante attention qu'il porte à son devoir de roi. Dans un petit moment, les jongleurs et les musiciens viendront effectuer leurs tours et charmer l'assemblée de leurs romances, tandis que les fous, tout de vert vêtus, feront de l'esprit, y compris aux dépens du roi, ce qui ne leur sera pas reproché, puisque telle est la règle. Louis XI rira donc aux saillies des uns et des autres, mais conservera son libre arbitre, lui qui sait qu'il ne faut jamais baisser la garde, même lorsqu'il accumule les succès, comme ce fut le cas ces dernières années.

Bien informés par les multiples espions qu'ils entretiennent un peu partout, ses proches, en effet, ne cessent de l'engager à se méfier de ces grands, toujours insatisfaits, à l'ego sans cesse en émoi et aux revendications exponentielles que sont les féodaux se partageant encore la France, ou tout au moins la cernant à l'extérieur du royaume, tout en la rongeant de l'intérieur, comme font les vers dans un fruit. Ces grands reprochent au roi non seulement de les écarter du pouvoir, mais encore de railler leur inintelligence ou leur caractère velléitaire en se permettant des bons mots à leur endroit, genre auquel il ne peut résister.

Mais surtout, ils enragent de voir cet homme, qu'ils ne considèrent que comme le premier d'entre eux, mettre en œuvre d'importantes réformes, et plus particulièrement en matière de finances, sans leur demander leur avis, contrairement à ce que faisait son père qui, lui, jouait à faire le roi – rôle auquel se refuse Louis XI – mais sans leur imposer son autorité, ce qui les laissait libres d'entreprendre à peu près ce qu'ils voulaient. Force est de constater que Louis XI, en effet, ne prend jamais l'avis des grands lorsqu'il décide de mettre en œuvre quelque chose. Il les met le plus souvent devant le fait accompli, amorçant ainsi une politique personnelle à laquelle presque tous ses successeurs seront fidèles.

Ne sait-il pas, tant par instinct que par calcul, qu'il ne faut jamais rien céder, du moins tant qu'on intimide ? Il y a en effet du Louis XIV chez Louis XI qui, se méfiant de la haute noblesse, préfère gouverner sans elle et s'appuyer sur des hommes d'origine plus modeste, dont il est assuré de la fidélité et de la reconnaissance. Mais, contrairement au Roi-Soleil, l'absence de faste autour de sa personne nuit à la perception qu'ont de lui ses principaux vassaux. Comment obéir à un homme qui ne se distingue des autres ni par le luxe de ses vêtements ni par l'éclat de sa maison ? Un homme qui préfère descendre à l'auberge que dans les châteaux de ses pairs ? Un homme trop énigmatique pour eux, trop subtil aussi, qui leur est trop supérieur ? Un homme ombrageux, enfin, dont le caractère n'est pas toujours facile à décrypter ?

C'est pourquoi il y a aussi, chez Louis XI, du futur Frédéric II de Prusse, l'homme à l'uniforme râpé qui fit de son royaume médiocre une puissance de premier ordre, ou même du futur Napoléon, modestement vêtu de l'uniforme de colonel des chasseurs à côté de ses maréchaux empanachés et couverts de broderies d'or. Un personnage méfiant et impatient, qui aime se tenir à bonne distance, faire peur à ceux qui sont ses adversaires ou peuvent le devenir, et cela sans jamais totalement se dévoiler.

Et enfin, il y a aussi son caractère solitaire, secret, voire impénétrable, qui contribue à le couper de ces grands à qui il ne dit rien parce qu'il n'a rien à leur dire. Chacun se regarde donc avec d'autant plus de méfiance que le roi sait pertinemment que, s'il n'a pas d'héritier mâle, ce sera l'un d'eux qui ceindra la couronne de lis après sa mort, et parmi eux ses plus proches parents, le duc d'Orléans ou le duc d'Anjou. Personne n'est dupe des intentions profondes des uns ou des autres et, comme un jeu sur lequel on pousse ses pions, les alliances se nouent avec autant de facilité qu'elles se dénouent, la trahison étant heureusement un formidable régulateur de leur action.

Il ne faut guère de temps au roi pour repérer ces féodaux mécontents, qui sont, pour les plus importants, le duc de Bretagne, François II, le comte de Charolais, fils du duc de Bourgogne, certes encore en vie, mais plus pour très longtemps, le duc de Bourbon, le duc de Nemours, le comte d'Armagnac et le duc de Berry – le propre frère du roi ! –, ainsi que tous ceux qui ont perdu leur charge lors de la prise de pouvoir du Dauphin, et qui, pour être plus modestes, n'en sont pas moins actifs. Comme chaque fois que les grands se mettent en émoi, ce sont bien sûr toutes leurs « créatures » qui les suivent, à savoir leurs parents, leurs proches, leurs amis, leurs obligés, leurs serviteurs à tous les degrés, ce qui, souvent, pouvait s'étendre à une ou plusieurs provinces, d'où le danger de ces marques d'impatience, de revendication ou même de révolte, sans parler du risque suprême : la guerre civile.

Les raisons de leur colère sont multiples, mais pour les principaux alliés, elles sont claires : le duc de Bretagne en veut à Louis XI depuis que ce dernier a voulu imposer son autorité sur le clergé breton en nommant un abbé et un évêque dont il ne voulait pas. Très attaché à son indépendance, que confortent les anciens officiers de Charles VII, passés à son service après avoir été écartés par Louis XI, celui qui se considère duc par la grâce de Dieu, et non par la volonté du roi de France, veut ainsi montrer qu'il ne cédera en rien sur les libertés de son pays. Quitte, d'ailleurs, à nouer des contacts avec le roi d'Angleterre, à qui il envoie son chancelier déguisé en moine, tandis qu'il fortifie ses frontières et lance ses navires à la conquête des mers.

Le comte de Charolais, fils du duc de Bourgogne, est, lui, en opposition non seulement avec son père, qui a vendu les villes de la Somme et aidé le roi de France à proroger la trêve avec l'Angleterre, mais encore contre son roi qui les a achetées. Oubliant l'ancienne amitié qui le liait à son cousin, il est prêt lui aussi à en découdre pour récupérer ce qu'il considère comme l'un des plus beaux ornements de sa future couronne ducale : la Picardie, qui jusque-là faisait office de frontière entre la Bourgogne et la France. Quant au duc d'Orléans et à son demi-frère, le comte de Dunois, ils sont mécontents de l'alliance nouée entre Louis XI et Sforza, régnant sur ce duché de Milan qu'ils estiment leur appartenir, en vertu des droits de leur aïeule Visconti. Les autres composent le ramassis habituel de ceux qui se plaignent de la pression fiscale nettement accentuée par le rachat des villes de la Somme, pour lequel le clergé a été mis à contribution, et qui, suivant le vent, tournent leur regard du côté où il souffle le plus fort.

Louis XI a beau être le roi de France, sacré, couronné et intronisé devant Dieu, il n'en est pas moins un être cerné par ceux qui, même s'ils l'acceptent comme souverain, ne s'en considèrent pas moins comme ses pairs, presque ses égaux, et qui, au gré des alliances, peuvent à chaque instant prendre la France en tenailles, ou tout au moins, à l'intérieur de celle-ci, ce qu'on appelle « le domaine royal ». En ce Moyen Âge qui n'est pas encore achevé, même si le XVe siècle en constitue le crépuscule, la haute noblesse n'a pas encore courbé l'échine devant l'État moderne et la force des individualismes prévaut encore sur le sentiment d'intérêt général, à moins que le roi n'ait les moyens, tout à la fois politiques, financiers et militaires, d'imposer sa volonté, ce qui n'est pas encore le cas.

Voilà pourquoi, à Rouen, après avoir entendu les plaintes et griefs de tous et de chacun, Louis XI tente d'apaiser les esprits en invitant un certain nombre de grands à exprimer leurs doléances, tout en envoyant des ambassades aux absents. L'effort d'écoute qu'il a déployé jusque-là n'étant pas suffisant, Louis XI se résout alors à convoquer les grands à Tours pour une assemblée générale, au mois de décembre 1464, malgré un hiver particulièrement rigoureux, avec son cortège de routes gelées, de campagnes enneigées et de difficultés d'approvisionnement et de chauffage. Dans cette cité qu'il affectionne tout particulièrement, le roi joue la carte de l'apaisement, ménage les susceptibilités des uns et des autres, explique sa politique et rappelle à ses vassaux leur devoir de fidélité, tout en fustigeant le duc de Bretagne, qui n'a pas cru bon faire le voyage.

Malgré la qualité de son discours, il n'est pas certain que le message passe. D'ailleurs à peine leur a-t-il parlé que le roi apprend qu'une conjuration se trame contre lui. Les réunions secrètes ont lieu à Notre-Dame de Paris, les membres du complot se reconnaissent aux aiguillettes de soie blanche dont leur costume est paré et le mouvement s'est affublé d'un titre-choc : la ligue du Bien public. S'il a bien été entendu pendant son discours, Louis ne va pas tarder à comprendre que, sitôt rentrés chez eux, les princes continuent de comploter contre sa personne et son pouvoir. Il ne s'en émeut pas pour autant et, tout en les faisant surveiller par ses espions, continue imperturbablement de tenir le gouvernail de l'État.

Mais, comme toujours, c'est une étincelle qui va mettre le feu aux poudres... Au mois de février de l'année suivante, le frère cadet du roi, Charles, duc de Berry, prétextant une partie de chasse, en profite pour s'enfuir, procédé classique que Louis XI lui-même avait utilisé lorsqu'il quitta le Dauphiné pour la Bourgogne et que résume joliment un contemporain, disant que le jeune prince « s'est départi de la compagnie » du roi. En fait c'est à Nantes, chez le duc de Bretagne, que se réfugie le frondeur, où le rejoint bientôt Dunois. De là, le 10 mars, il lance un manifeste dans lequel il dénonce, certes l'autoritarisme du souverain, mais aussi tout ce sur quoi se construit son État, n'hésitant pas à verser dans la démagogie, en commençant par réfuter les impôts levés : « Nous voulons ôter et faire cesser les aides, impositions, quatrièmes, huitièmes et exactions sur le pauvre peuple, fors seulement la taille ordinaire des gens d'armes », précise ce texte qui sonne comme un air de vieille chanson.

Le roi répond six jours plus tard par un texte dans lequel il justifie sa politique. Dans le même temps, il s'assure de la fidélité de ses bonnes villes – Paris, Rouen et Lyon, pour ne citer que les principales, fortement priées de résister aux rebelles –, de celle de son armée, commandée par deux maréchaux de France, les comtes du Maine et de Brézé, et de celle de ses alliés, parmi lesquels Gaston de Foix et Francesco Sforza, pour les plus actifs, à défaut de son oncle Anjou qui, tergiversant entre les deux parties, tente jusqu'au bout de ne pas s'engager, avant de finalement lâcher les conjurés.

L'énervement gagnant de part et d'autre, on sonne l'ordre de la mobilisation et, une fois de plus, le cliquetis des armes commence à se faire entendre, au désespoir des pauvres paysans de France, qui sont toujours les premières victimes de ces mouvements de troupes, lesquelles, selon l'expression de l'époque, vont « tenir les champs », c'est-à-dire détruire leurs récoltes. Leur but, pourtant, n'est pas forcément de livrer bataille, mais d'impressionner le roi par une démonstration de force qui doit permettre de négocier, en particulier lors d'une éventuelle convocation des états généraux. Mais en attendant, il faut vivre du terrain conquis et c'est de là que vient le danger, danger accru par la spectaculaire évasion de Rhodes d'Antoine de Chabannes, comte de Dammartin, condamné et emprisonné par le parlement de Paris, qui vient de rejoindre la révolte. Ce n'est qu'un brigand de grands chemins, mais il est redoutablement efficace.

Contre la Bretagne, Louis XI donne instruction au comte du Maine de contenir les troupes, tandis que le maréchal Joachim Rouault se voit chargé de défendre la Picardie si d'aventure le comte de Charolais décidait de la menacer. Cela, effectivement, ne va pas tarder, ce dernier ayant mal digéré l'affaire de Rubempré, du nom de cet aventurier qu'on avait arrêté alors qu'il escaladait les murailles du château de Gorcum dans le but, croit-on, d'assassiner l'héritier de la couronne ducale sur ordre du roi de France. Bien que cette affaire n'eût pas, semble-t-il, l'ombre d'un fondement, elle a pour conséquence d'empoisonner depuis longtemps les relations entre la France et la Bourgogne et de pousser Charolais à se rapprocher à nouveau de l'Angleterre, et cela d'autant plus que le duc régnant, son père, atteint de sénilité, n'est plus guère en position de gouverner.

Profitant de la dispersion des troupes de la Ligue, le roi, quittant Tours le 28 octobre 1465, se réserve le soin de commander les opérations militaires, dont le but premier est d'éviter la réunion de ses adversaires qui, jusque-là, n'ont procédé que par intimidation. Il commence donc par attaquer les forces du duc de Bourbon, qui s'est enfermé dans Bourges, et s'empare rapidement de Montluçon et des principales places circonvoisines, ce qui conduit son adversaire à demander un armistice pour négocier un traité de paix qui, certes, n'a aucune valeur, puisque aucun des signataires n'entend respecter ses engagements, mais qui leur permet de gagner du temps. Louis XI n'est pas dupe, mais cette trêve arrange ses affaires.

Apprenant bientôt que le comte de Charolais, fils du duc de Bourgogne, a franchi la Somme le 29 mai, il reprend à marche forcée le chemin du nord. Au passage, il inflige une rude défaite au duc de Bourbon, qui, à peine la paix signée, croit bon d'attaquer un des flancs de son armée. Les choses, pourtant, se compliquent pour le roi lorsque l'armée bourguignonne, à présent basée à Saint-Denis, met le siège devant Paris, tandis que se rapprochent dangereusement non seulement l'armée bretonne, que Maine n'a su arrêter, mais aussi celle du duc de Berry. Et c'est d'autant plus dommageable que celle-ci est bientôt rejointe par celle du duc de Nemours, puis par celle d'un nouveau rallié, le duc de Lorraine, attiré, comme tout bon chasseur, par l'odeur du sang.

Face à une telle situation, le roi peut soit s'enfermer dans Paris, soit tenter de semer ses ennemis, puisque au fond de lui-même, il ne désire pas particulièrement livrer bataille, même si le rapport de force semble être de son côté. Contrairement à ses adversaires qui, pour être supérieurs en nombre, n'en sont pas moins qu'un conglomérat d'hommes mobilisés pour l'occasion – et en particulier des anciens routiers très indisciplinés par nature –, il dispose en effet d'une armée permanente, avec des soldats aguerris et bien entraînés, qui plus est commandés par des chefs de qualité, parmi lesquels le sire de Coligny, Jacques de Sassenage, premier écuyer du roi, le bâtard d'Armagnac, Giraud de Samien, Claude de Froment et Olivier de La Marche, le futur chroniqueur. Enfin, il dispose d'une excellente artillerie, ou tout au moins de ce qui à l'époque en tient lieu.

Voilà pourquoi après avoir longuement réfléchi, Louis XI, bien que détestant se presser, choisit de ne pas s'enfermer dans un Paris qui, sous l'efficace commandement du maréchal Rouault, va bien résister malgré un début de panique, et déploie au sud de l'Île-de-France son armée enfin réunie, le 13 juillet, par la jonction de celle qu'il avait envoyée en Bretagne et de celle de la Loire. Le but de cette manœuvre est d'empêcher les troupes du duc de Bretagne et celles du comte de Charolais, qui ont contourné la capitale par des chemins différents, de se rejoindre. Le lendemain, dimanche 14 juillet dans la soirée, le souverain prend ses quartiers au château d'Étampes, où il tient conseil avec les comtes de Brézé et du Maine, ainsi que l'amiral de Montauban. C'est en effet à ces deux premiers qu'il confie le commandement des opérations, si toutefois il doit y en avoir : contre le duc de Bretagne, dont on croit savoir qu'il se trouve dans les environs de Chartres, ou contre le comte de Charolais, dont on ne sait trop où il peut être.

En fait, tout de suite après cette réunion, Louis XI apprend que, non loin de là, à Longjumeau, campe l'armée du comte de Charolais ; depuis le début de cette course-poursuite, ce dernier a soigneusement évité de combattre, attendant pour ce faire non seulement un terrain de son choix, mais encore d'avoir réalisé la jonction avec ses alliés. En pariant sur cette stratégie, il a en réalité perdu beaucoup de temps et, au sortir de son campement de Longjumeau, il semble hésitant et désordonné. Pendant ce temps, à Étampes, Louis XI dépose les joyaux de la Couronne et tient conseil sur ce qu'il convient de faire le lendemain. Ses proches approuvent à l'unanimité son idée de livrer bataille, car à ce stade, il ne peut se dérober sans risquer de voir ses ennemis se rejoindre.

Le roi assiste ensuite à neuf messes successives, durant lesquelles, à genoux et en chemise, en signe d'humilité, il prie humblement le Très-Haut de lui donner la victoire. Achève-t-il sa nuit avec une de ces ribaudes qui suivent les armées, pour se donner du cœur au ventre ? À l'époque ce n'est pas fondamentalement contradictoire avec une pratique assidue de la religion. On sait en revanche qu'un conseil de guerre suit immédiatement ces oraisons, durant lequel le roi exhorte ses capitaines à la lutte, leur expliquant que le ciel leur donnera la victoire parce que leur cause est juste, alors que celle des Bourguignons n'est que félonie, indigne trahison d'un vassal envers son suzerain.

Le surlendemain, 16 juillet, à l'aube, alors que la chaleur commence à envelopper le paysage estival, l'armée royale, composée d'environ 15 000 hommes, s'ébranle vers Montlhéry, à mi-chemin entre Étampes et Paris, précédée par les bannières, pour affronter les 30 000 hommes du comte de Charolais, placés sous le commandement du comte de Saint-Pol, au pied de ce château dont il ne reste aujourd'hui qu'une tour, et dont les Bourguignons n'ont pu s'emparer, malgré leurs efforts. Cet affrontement, improbable ou fortuit, personne ne sait encore qu'il va constituer la dernière grande bataille rangée de la guerre de Cent Ans et la première où l'artillerie (pour l'essentiel les serpentines et les couleuvrines) est placée en première ligne, tandis qu'au milieu des troupes, se trouvent, d'un côté, le roi à cheval et, de l'autre, le comte de Charolais, son cousin et ancien ami, qu'on n'appelle pas encore « le Téméraire », tous deux profondément impliqués dans une mêlée où leur présence rassure les soldats.

À l'heure où le combat va commencer, chacun se recommande à la providence divine, qu'il soit chevalier, archer, arbalétrier, coutilier, cranequinier, simple homme d'armes ou valet préposé aux chevaux et aux chariots. Mais si, du côté bourguignon, on ne sait trop quelle est la stratégie retenue, du côté français, les choses sont plus claires. Louis XI a imposé des choix précis à ses capitaines : bousculer l'ennemi pour ouvrir la route de Paris, sans faire de quartier, d'autant plus que ni le duc de Bretagne, ni le duc de Bourbon, ni même le propre frère du roi ne sont de la partie, ce qui laisse le comte de Charolais plus seul que jamais, en situation périlleuse et donc en grand danger pour lui comme pour les siens.

Vers onze heures, les deux armées se rangent des deux côtés de ce qu'on appelait sans trop savoir pourquoi «le champ des larmes», mais ne se mettent pour autant pas en action, les chefs de guerre se contentant de laisser l'artillerie provoquer quelques dégâts dans les deux camps, tandis que les archers font assaut d'agressivité, ceux du camp bourguignon en particulier, gallois d'origine et mis à disposition de son allié par le roi d'Angleterre. À midi, rien n'est joué, puisque la bataille rangée tarde à commencer, les deux camps se contentant de combats sporadiques dans lesquels personne ne semble avoir l'avantage, le comte de Charolais ne sachant pas profiter de la situation privilégiée qu'il occupe en dominant l'armée royale se déployant à ses pieds, tandis que le roi de France attend les troupes parisiennes du maréchal Joachim Rouault qu'il a convoquées, mais qui ne viendront pas.

Il faut attendre quatorze heures, au moment où la chaleur est extrême, pour que l'offensive soit lancée de manière plutôt anarchique. Brézé décide en effet de précipiter l'attaque en lançant une audacieuse charge de cavalerie à laquelle les Bourguignons ne s'attendaient pas, ayant cru tout d'abord, grâce à un subterfuge, que les Français se préparaient à fuir. Le comte de Charolais a beau avoir disposé son armée en demi-cercle, les Bourguignons souffrent de deux facteurs : ils sont face au soleil et, nombre d'entre eux ayant mis en perce les tonneaux de vin, ne sont plus très frais, pour ne pas dire éméchés. Le résultat ne se fait pas attendre : la charge provoque une large brèche dans l'armée bourguignonne, semant une panique dont profitent les Français pour piller les chariots de leurs ennemis et massacrer ceux qui ne se sont pas enfuis.

Ce magnifique mouvement, dans lequel Brézé perd la vie, a pour conséquence une véritable débandade marquée par la fuite du comte de Saint-Pol et de nombre de ses chevaliers, laissant les Bourguignons sans chef. Se substituant à lui, Louis XI se résout à entrer à son tour dans la bataille, entouré de ses troupes d'élite, écossaises et surtout dauphinoises, qui ne le quittent jamais, affrontant directement le bâtard de Bourgogne qui se démène comme un diable au centre de son ost, son épée en main. Lance contre lance, commence alors un combat confus et terriblement meurtrier, dans lequel le roi de France en personne, qui donne le meilleur de lui-même, assène les coups à l'instar de n'importe quel chevalier avant de tomber de son cheval. Dans les deux camps, on le croit mort, ce qui provoque la joie des ennemis et le désespoir des Français. Mais bientôt il se relève et se voit secouru par ses proches, qui le remettent en selle sur un nouveau cheval. Ce n'est qu'un incident qu'il conclut en lançant à ses troupes pour les rassurer : « Vous voyez bien, mes enfants, que je ne suis pas pris. Retournez et n'ayez crainte, car la victoire est à nous, ne fussions-nous que six pour combattre les Bourguignons. »

La victoire n'est pourtant pas assurée, parce que, au même moment, c'est le comte du Maine qui flanche, malgré l'encouragement que lui a prodigué le roi : « Avancez, beaux oncles ! Montrez dans votre attaque la vaillance angevine ! »

En effet, censé attaquer le comte de Charolais, Maine s'enfuit à son tour, poursuivi ou poursuivant l'adversaire, comme allait joliment l'écrire Commynes, présent à ce moment aux côtés de l'héritier du trône de Bourgogne : « Jamais plus grande fuite ne fut des deux côtés », avant de conclure que « ces deux n'avaient garde de se mordre l'un l'autre ». Repli stratégique ou trahison ? On ne saura jamais ce que Maine, ce jour, a en tête, mais il manque de tout gâcher à l'heure où les Français prennent l'avantage. Brézé mort, Maine en fuite, l'issue de la bataille repose désormais sur les épaules du roi qui, omniprésent, encourage ses troupes, rameute les fuyards et regroupe ses forces pour les lancer dans une ultime mêlée bien nécessaire au moment où les Bourguignons – non pas les chevaliers mais les fantassins –, après s'être débandés, se reprennent et, avec l'énergie du désespoir, combattent jusqu'à la mort. « Ils se battent comme des chiens », note sèchement l'ambassadeur milanais Panigarola, présent en lisière des combats.

Mais les Français tiennent bon et les Bourguignons, pressés de toutes parts, perdent du terrain, d'autant plus inquiets que leur chef, le comte de Charolais, légèrement blessé mais surtout isolé de son armée, s'aperçoit avec stupéfaction que ses adversaires sont en train non seulement de prendre possession du château de Montlhéry, mais encore de massacrer ses propres troupes, les archers britanniques en particulier qui, s'ils sont redoutables de loin, ne valent plus rien dès que l'ennemi est à leur portée.

À son tour assailli par les soldats du roi de France qui,

pour tenter de le capturer – rançonner un prince constitue encore le but d'une bataille – n'hésitent pas à tuer son propre écuyer, Philippe d'Oignies, et même à le blesser au visage, le comte de Charolais saisit enfin que son salut réside dans la fuite, consommant ainsi par un désastre sa première véritable expérience militaire. Les larmes aux yeux, suivi par une quarantaine de cavaliers, il quitte donc la bataille, tandis que de nombreux fuyards imitent son exemple. En quelques minutes, la plus grande partie des Bourguignons s'évanouit dans le paysage !

À la fin de cette lourde journée d'été, ce sont quelque 10 000 morts qui sont étendus dans la poussière des blés, 3 000 du côté français, 7 000 du côté bourguignon. À ce chiffre sinistre, Louis XI, qui s'en va prendre ses quartiers au château de Charles d'Allonville, à Louville-la-Chenard, sait que, malgré ses pertes et son indécision, il vient de gagner la partie et de remporter la victoire, même si son adversaire, le comte de Charolais, croit de bonne politique d'annoncer partout que c'est lui qui a gagné la bataille et finit même par s'en persuader, au nom de cet irréalisme qui constitue bien le trait le plus saillant de son caractère agité et chimérique !

C'est bien dans ce sens que le roi écrit le lendemain à ses fidèles sujets de Lyon : « Chers et bien aimés, hier, environ deux heures après dîner [entendons l'actuel déjeuner], étant les comtes de Charolais, de Saint-Pol, Adolphe de Clèves, le bâtard de Bourgogne et tous leurs gens en bataille auprès de Montlhéry, fûmes conseillés de les assaillir et combattre. Et, grâce à Dieu, eûmes le meilleur et fut la victoire pour nous. »

Personne, en revanche, ne sait que cette journée, dont l'emplacement est mémorisé par une croix de fer montée sur une pierre taillée, dit-on, à l'initiative de Bayard, petit-fils de Brézé, en l'honneur de son grand-père, marque une étape décisive dans l'histoire militaire, ce qui n'échappe pas au chroniqueur Jean de Roye, qui note joliment : « D'icelle déconfiture vint incontinent le bruit à Paris. »

Montlhéry ouvre une nouvelle page de l'histoire de la stratégie militaire. À partir de ce jour, en effet, les armées seront désormais placées en ligne, avec un centre d'infanterie, renforcé par l'artillerie, ayant pour mission d'attaquer, de défendre ou de couvrir les ailes manœuvrantes. D'une manière totalement empirique, Louis XI vient d'inventer une technique qui sera utilisée jusqu'en 1914-1918, et très largement mise en application par Napoléon.

Mais, au-delà de ce succès, c'est encore un trait essentiel de sa personnalité que le monarque a montré ce jour-là, celui de roi chevalier qui, de Louis IX à Henri IV, en passant par nombre d'autres, constitue la plus grande qualité des Capétiens. Premier souverain à entourer la monarchie d'un système militaire qui ne fera que se renforcer, il est également le premier à entretenir une armée permanente. Et pourtant, ce combattant, qui ne rechigne pas à se battre lorsqu'il le faut et dont nul ne conteste la vaillance, n'aime pas la guerre et ne la fera désormais que lorsqu'elle est absolument nécessaire. Il ne faut voir là aucune contradiction : les véritables soldats, au fond d'eux-mêmes, sont d'authentiques pacifistes, alors que les va-t-en-guerre ne sont le plus souvent que des lâches. Le vainqueur de Montlhéry confirme ses qualités de diplomate et s'impose à ses adversaires comme le premier concepteur de ce qu'on appellera, plus tard, « la force de frappe », c'est-à-dire paraître le plus fort pour ne pas être attaqué et mettre en avant sa puissance potentielle pour mieux négocier les conditions de paix, ce qui, jusqu'à la fin, sera bien la marque de sa politique.

8.

La difficile construction de la paix

> « Si guerre était commencée du temps de ses ancêtres, il serait encore mieux de chercher paix ou trêves. Car en guerre ni en procès, il n'y a jamais un denier de profit. »
>
> Louis XI

En ce mois de juillet de l'année 1465, l'ost royal, avec ses chevaux, ses lances, son matériel de siège et ses chariots, s'en retourne à Paris en plus ou moins bon ordre, assemblé derrière l'oriflamme qui, pour les rois de l'Ancien Régime, fait office de drapeau national lorsqu'on est en temps de guerre, et qu'on dépose, la paix revenue, à l'abbaye de Saint-Denis, puisque cette bannière semée de flammes d'or est l'étendard de Saint-Denis. Au reste, sa couleur rouge, associée au bleu de saint Martin, est celle de Paris, laquelle, réunie au blanc de la monarchie, donnera, sous la Révolution, le drapeau de la République, qui ainsi possède une triple origine religieuse ! Plus curieusement, en ce même été, c'est la dernière fois que le roi de France utilise cette bannière qui, désormais, ne quittera plus l'abbaye.

Cette armée qui rentre au bercail est particulièrement gaie, non seulement parce qu'il fait beau, mais encore parce qu'elle est victorieuse, et que cette victoire, les hommes l'ont fêtée, comme il se doit, en vidant nombre de tonneaux de vin, surtout ceux que les Français ont dérobés aux soldats du duc de Bourgogne, au moment de la fuite de leur chef. De Montlhéry à la Seine, il n'y a pas grand chemin à faire, une ou deux journées de marche, dans les rires, les chants et les bourrades, tous unis derrière ce roi chevalier, dont la bravoure, la ténacité et l'habileté lui ont permis de triompher de ses adversaires. Lui-même, en tête, à cheval, cette fois sans son armure bien trop chaude pour cette journée estivale, bavarde avec ses compagnons comme il en a l'habitude, sans dissimuler ce sourire de satisfaction qui, d'un coup, efface tant de nuits de veille, d'inquiétude et de réflexion.

Dans sa bonne ville de Paris où il se réinstalle le soir même, Louis XI sait cependant qu'il lui faut mener ses affaires avec prudence. Car la ligue du Bien public, bien qu'elle vienne de recevoir un sévère avertissement, n'est pas écrasée. D'une part parce que ce qui reste de l'armée bourguignonne, le lendemain du combat, s'est retiré à Étampes, où les hommes se « refont une santé » sans qu'on puisse les en déloger. D'autre part, parce qu'elle y procède à sa jonction avec l'armée du duc de Bretagne, enfin arrivée, et qui peut déployer quelque 12 000 soldats, dont 800 lances. En apparence, le nombre demeure donc du côté de la Ligue, malgré Montlhéry, et avec lui la puissance, mais en apparence seulement, le moral des troupes étant sévèrement atteint, tandis que, du côté français, la confiance prédomine derrière la figure charismatique d'un roi victorieux.

Cette nouvelle force est-elle, en effet, opérationnelle ? Non, car les princes bretons et bourguignons ne parviennent pas à s'entendre et leurs troupes font montre de suspicion les unes envers les autres. La présence, dans la ville, du duc de Berry, frère félon du roi, envenime ce mauvais climat : il y passe soit pour un traître, soit pour un lâche, et concentre sur sa personne les ressentiments des deux camps. Une fusée, lancée en l'air par le plaisantin Jean Boutefeu le bien nommé, manque de provoquer une bataille rangée entre les deux camps, ce qui constitue le paroxysme d'une tension croissante. Malgré tout, Bretagne et Charolais parviennent à signer, le 24 juillet, un pacte de soutien mutuel contre le roi de France, mais perdent un temps précieux en palabres et banquets de toutes sortes, ce qui laisse à leur ennemi le temps de réorganiser ses propres forces.

Louis XI, entre-temps bien installé à Paris avec quelque 30 000 hommes et soutenu par une population fidèle au trône, malgré la présence d'un parti bourguignon encore puissant, surtout au sein de l'Église, les attend de pied ferme. Dans la capitale, dont il prend soin de confirmer les privilèges, le roi prend sur lui pour ne pas reprocher au maréchal Rouault sa défection à Montlhéry et y accueille aussi le comte du Maine, malgré son inconséquence ce même jour. Diable, n'a-t-il pas besoin de tout le monde, à l'heure où chacun s'attend à une attaque imminente ? se dit-il, en retrouvant l'hôtel des Tournelles où il avait été logé après son sacre.

Les Parisiens sont rassurés par la présence de leur souverain et l'acclament chaque fois qu'il se montre à eux.

Mais, malgré l'euphorie ambiante, le roi sait parfaitement que ses ennemis ne vont pas tarder à se diriger sur les rives de la Seine. Veillant à tout, il prend garde à ce que son armée soit bien reposée, ravitaillée et entraînée, au cas où une nouvelle bataille devrait être livrée. Ainsi, tout en organisant la défense de Paris, il effectue un voyage rapide en Normandie pour s'assurer du soutien de cette province et lui demander de quoi permettre à sa capitale de soutenir un siège éventuel. Pendant ce temps, les coalisés font enfin marche sur les abords de la capitale que, malgré les attaques ciblées de Rouault, ils atteignent, bientôt rejoints par les troupes d'un nouvel allié, Jean de Calabre, chef des mercenaires suisses, lorrains et allemands, que le comte de Charolais a fait recruter.

Les troupes à peine en vue, Paris ferme ses portes. Une partie des assiégeants, avec Charolais et Calabre, campe à Charenton, au sud-est ; une autre, avec Bretagne et Berry, un peu plus loin, à Saint-Maur-des-Fossés, siège d'une puissante abbaye, dans laquelle un moine fera parler de lui un jour, François Rabelais. Le reste de l'armée stationne à Saint-Denis, au nord, avec l'espoir de prendre ainsi la cité capétienne en tenailles. La violence de la guerre va-t-elle renaître quelques semaines à peine après la bataille de Montlhéry ? Chacun retient son souffle, pressent la mort et s'interroge sur son destin à l'heure où les feux de bivouac brûlent dans ces nuits d'été, où ceux qui ne dorment pas se racontent des histoires de soldats, où les grands feudataires s'enivrent de rêves de gloire et de conquête, à commencer par le duc de Berry qui – ironie du sort ! – loge au château de Beauté, dans le bois de Vincennes, demeure de l'ancienne maîtresse de son père Charles VII, Agnès Sorel.

Pourtant, contre toute attente, cette armée nombreuse se garde bien de donner l'assaut à Paris, soit parce qu'elle estime qu'elle n'est pas assez forte, soit parce qu'elle désire seulement montrer sa puissance, ou encore parce qu'elle ne possède pas de commandement véritablement unifié, seul capable d'engendrer la victoire. De l'autre côté, à l'intérieur de la ville, le climat n'est pas meilleur, avec une opinion publique qui, en l'absence du roi, vire au défaitisme, et qui craint de subir un siège de plusieurs mois – voire de plusieurs années – catastrophique pour l'activité économique de Paris et les intérêts de ses habitants, dont certains sont désormais prêts à trahir leur souverain. Voici pourquoi, profitant de ce que Louis XI, toujours en Normandie, ne se trouve plus dans la capitale assiégée, les alliés font savoir aux Parisiens, à qui ils envoient six hérauts, qu'ils sont prêts à négocier.

Le corps de ville ayant accepté, une délégation, conduite par l'évêque Guillaume Chartier et le lieutenant civil au châtelet Jean Chouart, se rend à Saint-Maur. Assis sur un trône comme s'il était déjà roi, Charles de France, frère cadet de Louis XI, lui réserve le meilleur accueil et lui offre un repas soigné. Par la voix de Dunois, les membres de la Ligue lui expliquent qu'ils n'ont rien contre les Parisiens, et que leur ennemi est ce « méchant » roi de France, dont l'action est néfaste ; c'est bien pour cela, précisément, qu'ils ont créé cette « ligue du Bien public » destinée à l'empêcher de continuer à nuire. Le message, cependant, est assorti d'une menace : si Paris refuse les propositions des princes, ceux-ci donneront l'assaut, et, annoncent les insurgés, ils ne feront pas de quartier !

De retour à la Maison commune – à l'emplacement de l'actuel Hôtel de Ville –, la délégation rend fidèlement compte de sa mission, mais le peuple assemblé fait hautement savoir son refus de négocier avec les Bourguignons, quitte à subir un siège, d'autant qu'on commence à sérieusement douter de la capacité d'agir des membres de la Ligue.

Nous sommes le 28 août 1465. En proie au doute, les alliés, qui ne bougent pas, ne savent plus trop sur quel pied danser, constatant qu'il leur sera très difficile de s'emparer de Paris, où le retour du roi, qui vient de pénétrer dans sa capitale par l'ouest, en compagnie de 12 000 hommes, galvanise ses habitants.

Certains Parisiens participent désormais aux escarmouches contre un ennemi de plus en plus hésitant, d'autant que, grâce aux efforts du prévôt des marchands, Henri de Livres, la ville ne manque de rien. Le 3 septembre, ce sont les princes eux-mêmes, après une tentative d'intimidation à la porte de Charenton, qui demandent une trêve, eux qui se sont si mal débrouillés qu'ils ont été incapables de couper les voies de ravitaillement de la capitale, eux aussi dont l'armée n'est guère en état de combattre, obligée de piller la Brie et la Champagne pour se ravitailler.

Sans attendre, Louis XI leur envoie Charles du Maine, qui, près de la Bastille – dont la masse immense, depuis Charles V, écrase et protège tout l'est de la capitale –, discute avec le comte de Saint-Pol. L'émissaire ayant rendu compte auprès de son maître, les négociations se poursuivent pendant tout le mois, chacun restant sur ses positions, en particulier le duc de Berry, qui exige toujours de son frère ce duché de Normandie qu'il ne veut pas lui donner. Les discussions traînant en longueur, le roi décide alors de traiter par lui-même et convient d'une entrevue avec le comte de Charolais. À la tête d'une petite escorte de six hommes, ce qui montre son courage et sa détermination, au petit matin, il traverse la Seine pour gagner la rive où son cousin l'attend, debout, devant une impressionnante troupe de soldats. Cette présence intimidante ne fait pas reculer le souverain qui débarque et, selon les témoins, demande en souriant au fils du grand-duc d'Occident : « Mon frère, m'assurez-vous ? » Qui lui répond du tac au tac : « Monseigneur, oui, comme frère. »

Et la conversation se poursuit au fil d'une promenade, bras dessus bras dessous, au cours de laquelle les deux hommes, « en bon visage et riant », témoigne Commynes, négocient pour tenter de trouver une sortie honorable à cette crise ouverte, qu'il faut bien refermer, faute de quoi nul ne saurait dire jusqu'où pourraient aller ces hostilités rappelant les pires heures de la guerre de Cent Ans, dont, au fond, personne ne veut plus. Au-delà de leurs divergences, ils comprennent qu'il est temps d'achever un conflit qui n'a que trop duré et n'a conduit nulle part.

« Quel est le prix de la paix ? » demande le roi. Les villes de la Somme, répond le comte de Charolais et, pour son allié le duc de Berry, frère du roi, le duché de Normandie. Louis XI accepte de rendre les villes, mais refuse de donner la Normandie, substituant à cette requête l'engagement d'offrir l'épée de connétable de France au comte de Saint-Pol. Le comte de Charolais demande un moment pour réfléchir et on se sépare aimablement. En formulant cette proposition, Louis XI sait qu'il vient de glisser la pomme de la discorde entre des alliés qui ne tardent pas à faire montre de leurs querelles en plein jour, et cela d'autant plus facilement que leurs intérêts ne sont pas toujours convergents.

Au retour du roi, les Parisiens comprennent que la paix est proche et organisent déjà des processions d'action de grâce pour la célébrer. Pourtant, même si la ligue du Bien public vole en éclats, la situation n'est pas aussi aisée que le roi veut bien le croire. À la fin du mois de septembre, la veuve de Brézé livre Rouen au duc de Bourbon. Le roi ne saurait refuser la Normandie – la terre la plus riche de France ! – à son frère, ce à quoi il consent à l'occasion d'une seconde entrevue avec le comte de Charolais. Lors de l'entretien, un mariage entre ce dernier et Anne de France, la fille aînée de Louis XI, est même envisagé. Union assortie d'une perspective : si le roi n'avait pas d'héritier mâle le comte pourrait lui succéder un jour !

Ce dernier projet ne se concrétisera pas plus que les autres promesses, dont le roi est si prodigue, mais la paix n'en est pas moins proclamée le 1er octobre 1465 et annoncée le même jour à son de trompes par les hérauts de Paris. Cette « trêve perpétuelle » est bientôt concrétisée par les traités de Conflans puis de Saint-Maur, respectivement signés les 5 et 29 octobre, qui pérennisent les accords, donnant en principe satisfaction à chacun des princes. Mais en son for intérieur, le roi sait que ces deux textes ne sont que chiffons de papier qu'il déchirera lorsque la situation lui sera plus favorable.

Ce qui lui importe, en fait, est d'avoir conclu une paix qui, même précaire, a défait la Ligue et épargné les terres de son royaume. Certes, il a été contraint de céder la Normandie à son félon de frère, mais pour l'instant seulement sur le papier ; certes, il a été contraint de lâcher les villes de la Somme, qui lui avaient coûté si cher à récupérer, mais il pressent que, lorsqu'il écrasera Charolais, le moment venu – car il sait déjà qu'il l'écrasera –, il les récupérera. Le reste n'est que peu de chose et la paix, elle, est si essentielle ! Aux prix de ces concessions, le plus souvent financières puisque plusieurs féodaux se sont laissé acheter par bon argent sonnant et trébuchant, au prix aussi de la constitution d'un « Conseil des Trente », chargé à l'avenir d'étudier les plaintes et de suggérer les réformes, le roi est parvenu, sinon à anéantir la Ligue, du moins à l'endormir, après avoir accordé aux uns et aux autres ce qu'ils souhaitaient, même si, pour la plupart, ce ne sont que de vagues engagements, comme la pleine souveraineté de la Bretagne. Le roi parvient même à se débarrasser du duc de Calabre en lui faisant miroiter un avenir dans la péninsule Ibérique, panneau dans lequel ce dernier s'empresse de tomber, alors que les Catalans sont en train de se révolter à nouveau contre leur roi.

Une nouvelle fois, Commynes témoigne : « Le roi, notre maître, a su entendre cet art de séparer les gens plus que nul autre prince, que j'ai jamais vu ni connu, et il n'épargnait ni l'argent ni ses biens ni sa peine, non point seulement envers les maîtres mais aussi bien avec les serviteurs. »

Maniant avec subtilité la carotte et le bâton, Louis XI, qui pratique l'ironie jusqu'à appeler ce texte « le traité du Bien public », sait pourtant pardonner à certains, comme Juvénal des Ursins, à qui il rend sa charge de garde des sceaux, ou d'Estourville, qui retrouve celle de prévôt de Paris. Il sait aussi récompenser les autres, comme Tanguy du Chastel promu gouverneur du Roussillon.

Mais s'il parvient à acheter quelques grandes figures, comme celle du duc de Bourbon, lequel entre sans état d'âme à son service, il sait aussi punir, parfois impitoyablement, ce qu'apprennent à leurs dépens le comte du Maine, qui perd son gouvernement du Languedoc, ou Charles de Melun, naguère gouverneur de Paris, arrêté, jugé, condamné et exécuté pour haute trahison. Tout cela sans passion excessive, dans un sens comme dans l'autre, puisque le roi agit dans le seul intérêt de la France, de l'État, de sa Couronne, puisque au fond, ces trois notions sont inextricablement liées, autant dans son esprit que dans celui de ses sujets. Dans les semaines qui suivent, les conjurés de la Ligue, dont chacun comprend désormais que leurs motivations n'avaient pris source que dans leurs intérêts personnels, quittent l'Île-de-France pour rejoindre leurs provinces respectives, à la grande joie des populations voyant s'éloigner avec plaisir ce danger permanent, les Bourguignons d'abord, les Bretons ensuite, les autres enfin.

9.

La pause

> «Je ne suis qu'un officier de la Couronne.»
>
> Louis XI

Plusieurs heures durant, juché au sommet de la haute tour du château de Vincennes, Louis a scruté l'horizon pour bien vérifier que ses ennemis d'hier, alliés d'aujourd'hui, ont pris le chemin du retour et ont peu à peu disparu à l'horizon, avec leurs oriflammes – les Bourguignons à l'est, les Bretons à l'ouest, les autres au nord et au sud. Bien convaincu du départ de ses adversaires, ce n'est qu'à la tombée de la nuit qu'il consent à descendre de son observatoire, pour célébrer entre intimes le succès de la paix, dans sa bonne ville de Paris, même s'il ne la porte guère dans son cœur, autour d'un souper fin, en prélude d'une nuit qu'il passera avec quelque belle, pour le récompenser de ses efforts en faveur de la paix du royaume.

En attendant, durant toute cette fin d'après-midi, il n'a pas boudé son plaisir et, ce soir, avec ses proches, il raillera tout à loisir ces têtes folles qui croient l'avoir dupé, alors que c'est bien lui qui les a roulées dans la farine, en réussissant l'exploit de les séparer, elles qui avaient mis tant de temps et d'effort pour se réunir ! Cela fait, s'autorisant quelques vacances – même si l'expression n'existe pas encore –, Louis XI quitte à son tour Paris pour prendre ses quartiers à Orléans où, sans oublier de sacrifier à sa passion de la chasse, il se concentre sur l'avenir, analysant lucidement la situation politique avec ses conseillers, lisant attentivement les rapports de ses nombreux espions et surtout ne cessant d'observer les faits et gestes des feudataires qui, comme il s'y attendait, commencent déjà à s'agiter en tous sens. En premier lieu, cela ne le surprend guère, le duc de Bretagne et le duc de Berry, qui ne tardent pas à régler leurs comptes.

Le premier, en effet, a tôt fait de mettre en tutelle le second, estimant à juste titre qu'il lui devait tout, en particulier son titre tout frais de duc de Normandie. Très envahissant, il place ses fidèles aux postes clés du duché, revendique des faveurs de plus en plus nombreuses et tente de limiter le pouvoir de son obligé, ce qui a pour conséquence de le rendre impopulaire auprès de ses vassaux qui, par tradition – et le roi de France le sait bien ! –, sont difficilement gouvernables. À quoi bon avoir rejeté le pouvoir de son frère, se dit le faible Charles, si c'est pour subir celui d'un autre maître ? Le 25 novembre, les Normands, excédés par l'avidité des Bretons, s'emparent de Charles, qui séjournait depuis sa nomination à l'abbaye Sainte-Catherine du Mont, pour le ramener, terrorisé, à Rouen, ce qui contraint le duc de Bretagne à se réfugier à Caen, d'où il ne trouve rien de mieux à faire qu'à se plaindre, lui aussi… au roi de France des mauvais traitements que lui ont fait subir ses voisins !

Il est aisé d'imaginer le bonheur de Louis XI, qui n'attendait que cette occasion pour intervenir dans les affaires de son frère. Il s'empresse donc de venir à Caen délivrer François II, exigeant désormais de lui une totale soumission, tel que le souligne le traité que tous deux signent le 28 décembre 1465. Dans les semaines qui suivent, les cités normandes, les unes après les autres, se soumettent au roi de France qui sait tout à la fois châtier et pardonner aux sujets de son frère qui, en fait, sont les siens, puisqu'il n'a jamais accepté, au fond de lui-même, la rétrocession de la province. Il ne lui reste plus qu'à prendre le chemin de Honfleur, où son frère s'est réfugié, lâché par les Normands qui ont fini par se lasser de ce chef immature qui ne leur a apporté que des problèmes. À tout prendre, mieux vaut la sage administration d'un roi de France, se disent-ils, que d'inutiles et coûteuses aventures.

Mais à peine Louis XI arrive-t-il à bon port qu'il apprend que Charles a quitté la ville pour rejoindre le duc de Bretagne, avec lequel il s'est réconcilié, tous deux chevauchant désormais en direction de Nantes. Mais peu importe la duplicité des deux hommes ! Le roi remet la main sur la Normandie qui, de ce jour, ne quittera plus jamais la France. Il peut donc à nouveau prendre le chemin d'Orléans, sa capitale bien-aimée qu'il considère comme le centre de ses États et son point d'équilibre le plus parfait – douceur de la Loire, fidélité de ses habitants. Il y passe, dans cette quarante-troisième année de sa vie, une année entière, sans doute la plus calme, la plus sereine de son règne, même si le nouveau fils que la reine vient de lui donner, le 4 décembre 1466, ne vit que quelques heures, éloignant un peu plus encore son espoir d'avoir un successeur de son sang.

Toujours sur la brèche, malgré une santé précaire qui, de temps à autre, lui joue de bien mauvais tours, il ne cesse jamais de lire attentivement les multiples rapports que ses agents lui adressent, et se déplace chaque fois qu'il le faut, comme ce 7 juin 1467, où il reçoit à Rouen Richard Neville, comte de Warwick, l'homme fort de l'Angleterre, à qui il prodigue le meilleur et le plus somptueux des accueils. Louis XI, en effet, éprouve une légitime reconnaissance pour celui que, outre-Manche, on a surnommé « le faiseur de rois », et qui a tenu son pays éloigné de la ligue du Bien public en renouvelant cette trêve qui avait mis entre parenthèses la guerre de Cent Ans. Car, plus que jamais, le roi de France a besoin de ménager ses alliances, à l'heure où le ciel diplomatique s'alourdit à nouveau, faisant de lui, malgré ses succès, un chef d'État toujours traqué par ses partenaires, jamais en repos et comparable en cela à l'Hercule de la mythologie coupant sans relâche les têtes d'une hydre qui ne cessent de repousser.

Que se serait-il passé, en effet, si les Anglais s'étaient joints à la Ligue ? La cause du roi aurait alors eu bien du mal à être défendue. C'est la raison de l'attention permanente que Louis porte aux affaires d'outre-Manche, sachant d'une part que le roi d'Angleterre n'a pas la possibilité technique d'attaquer la France, mais que de l'autre il ne saurait lui faire confiance, puisqu'il n'ignore pas que, du jour au lendemain, il peut, comme les autres, céder au plus offrant. Cela explique ces louvoiements perpétuels qui, au Moyen Âge comme aujourd'hui, sont le lot habituel de la diplomatie.

Cette opération accomplie, le roi de France reprend le cours de la gestion des affaires de son royaume qu'il a quelque peu négligées tout au long de cette guerre intérieure qui a occupé tout son temps. Définitivement persuadé que les grands constituent un danger permanent, il décide de ne s'appuyer désormais que sur les bourgeois des villes, seule catégorie sociale propre à enrichir le pays et, sous son égide, l'administrer. En un mot, les bourgeois de France et le roi-bourgeois partagent la même conception de la vie de la nation et peuvent donc travailler de conserve à son bonheur, en laissant de côté l'inutile classe des grands, renvoyée à sa futilité.

En cette fin de Moyen Âge, hors bien sûr dans les républiques patriciennes de Gênes et de Venise, ou à la limite dans les Pays-Bas et les cantons suisses, cette conception du pouvoir est tout à fait singulière en Europe, où les rois, s'appuyant sur leur noblesse, ne rendent pas de comptes à leurs sujets. Louis XI, en cela, apparaît comme une exception et personne ne s'y trompe : il est continuellement sollicité lorsque les problèmes s'accumulent, comme les disettes qu'il tente de combattre, soit en pesant sur le cours des céréales, comme allait le faire plus tard la Convention nationale, en pleine Révolution, soit en faisant acheter du blé à l'étranger, avec toujours le souci d'éviter le pire à ses sujets les plus faibles.

Poursuivant ses déplacements en province où, à chacune de ses visites, il ne manque pas de s'exprimer devant les parlements, le roi ne déroge jamais à ses habitudes, écoutant toujours attentivement les avis des uns et des autres, même s'il demeure, en dernier ressort, le seul à décider. Tous ceux qui le rencontrent, qu'il s'agisse des délégués des bonnes villes ou des ambassadeurs étrangers, constatent, unanimes, que le roi a mûri, lui qui prend désormais la mesure des choses avant d'agir, ce qui le pousse même à rappeler un certain nombre de collaborateurs de son père, qu'il avait imprudemment chassés à son avènement, comme l'amiral Jean de Bueil, Louis de Beaumont ou Antoine de Chabannes, dont l'expérience et la sagesse vont lui être fort utiles. Une page se tourne et chacun le voit bien, dans le petit monde des officiers de la Couronne et des diplomates qui constituent l'entourage du roi.

Ces arrivées le conduisent à réorganiser son conseil, où entrent de nouvelles têtes, parmi lesquelles un ancien serviteur du duc de Bourgogne qu'il a débauché, Jean de la Driesche, Louis, le bâtard de Bourbon à qui il donne en mariage l'une de ses filles adultérines, Odet d'Aydie, Robin Malortie ou Antoine du Lau, avec pour conséquence la fusion de ce qu'on pourrait appeler l'ancienne administration et la nouvelle. Auprès de ces derniers, le souverain reprend le cours de ses journées de labeur, comme si, au fond, il n'était que le premier fonctionnaire de son royaume, même si le terme n'existe pas encore. Emanuele di Jacopo témoigne de son emploi du temps chargé, tout en s'en offusquant : « C'est pitié de voir à quel point le roi est occupé. Il se lève très tôt, dit ses prières, va à la messe puis regagne ses appartements. Après quoi il suit un programme soigneusement établi. Il préside son Conseil, qui se tient dans une maison contiguë à celle du roi et se prolonge aussi longtemps qu'il est nécessaire. Ensuite, il se rend dans la chambre [entendons la pièce] où il mange, et tout en continuant à s'occuper de ses affaires, il reste généralement à table jusqu'à deux heures de l'après-midi. Le dîner [entendons le déjeuner] terminé, il disparaît dans une autre pièce et, sans s'accorder un instant de répit, il se remet au travail. En fin de journée, soit à pied, soit à cheval, il prend un peu d'exercice en allant se promener dans les environs de la ville. Une fois de retour chez lui, il converse avec l'un ou l'autre de ses hommes jusqu'à l'heure du souper. Il soupe tôt et se couche tard. »

Quelques petits plaisirs avec des dames peu farouches sont cependant au programme, parfois troussées sur l'herbe après l'avoir accompagné « sur sa selle » ! Mais c'est tout, c'est-à-dire, au fond, pas grand-chose. Le chroniqueur, toutefois, a tort de croire que Louis XI se mortifie. Travailler est un choix délibéré pour celui qui ne sait ni ne veut faire autre chose. Louis XI, en effet, se considère, nuit et jour, au service de la nation dont il est l'incarnation, lui qui tient à être informé de tout, à lire toutes les lettres – on ne disait pas encore les rapports –, à tout savoir de ses ennemis comme de ses amis. Sous son impulsion, la paix régnant, la prospérité commence à revenir, parce qu'il ne laisse jamais une affaire en cours sans la conduire à bon terme, donnant inlassablement instruction dans ce sens, répétant à ses proches : « Ne laissez pas les choses se gâter », ou confiant un jour à un diplomate que le but de sa vie était « de faire un monde nouveau ».

« Tout irait pour le mieux dans le meilleur des mondes possibles », pour reprendre la formule de Voltaire, si, entre-temps, le 15 juin 1467, comme un coup de tonnerre, et bien qu'elle fût prévisible depuis longtemps, n'avait retenti l'annonce de la mort de Philippe le Bon, avec pour conséquence immédiate l'accession du comte de Charolais à la tête du grand-duché d'Occident. Celle-ci, naturellement, ne peut que susciter l'inquiétude de son souverain, le roi de France, d'autant que le nouveau grand-duc ne fait pas mystère de ses intentions belliqueuses, qui apparaissent au grand jour lorsque, le 1er octobre suivant, les féodaux, derrière lui, reconstituent leur alliance contre la France, avec toujours pour but ultime d'éliminer Louis XI et de mettre à sa place son frère cadet, qui n'est entre leurs mains qu'une marionnette, laquelle, selon eux, ne pourra les empêcher de procéder à ce démembrement de la nation qui les obsède.

Celle-ci, le nouveau duc de Bourgogne la résume d'une formule bien caractéristique : «J'aime tant la France que j'en souhaite six», que François Mauriac reprendra à son compte après la Seconde Guerre mondiale : «J'aime tant l'Allemagne que je suis heureux qu'il y en ait deux ! » Plus que jamais, cette paix que le roi a eu tant de mal à imposer semble fragile, l'obligeant à se tenir sans cesse sur ses gardes, qui plus est à l'heure où cette nouvelle menace, comme de lourds et ténébreux nuages, pointe à l'horizon. À qui se fier, se demande le roi de France, en observant, désabusé, l'agitation permanente de son turbulent cousin, sinon à la Vierge Marie et à son propre talent ?

En matière de riposte, et avec l'espoir de se concilier l'opinion publique, Louis XI, au printemps de l'année 1468, réunit à Tours les états généraux comprenant les cent quatre-vingt-douze délégués (noblesse, clergé, tiers état) des soixante-quatre principales villes du royaume que seule la volonté du monarque peut rassembler pour toutes sortes de raisons, parmi lesquelles demander quitus de sa politique ou lever des fonds extraordinaires. Dès son discours d'introduction, le chancelier de France, Juvénal des Ursins, sollicite l'avis des états sur les trois points auxquels il est largement défavorable, en particulier les traités de Conflans et de Saint-Maur, la dévolution de la Normandie au frère cadet du roi et l'alliance contractée entre les princes et la Couronne britannique.

Pendant une semaine les délégués délibèrent et, pratiquement à l'unanimité, dénoncent ces trois points, suggérant que le souverain soit délié des traités, que son frère reçoive une compensation financière ou un simple comté, et que le duc de Bretagne soit désormais considéré comme un félon. En même temps, tous s'engagent, au nom des bonnes villes, « à servir et aider le roi », ce qui revient en quelque sorte à renouveler officiellement la totale fidélité du peuple à son souverain. Ce dernier les remercie alors dans un beau discours convenu, par lequel l'absolutisme royal progresse significativement, d'autant que ce n'est pas par allégeance de la seule noblesse française, puisque s'y sont adjoints les deux ordres de la nation.

Les épreuves ont donc permis au roi de France de conforter son pouvoir en détachant progressivement la haute noblesse du peuple, s'imposant comme le suprême recours entre les deux, le point fixe de l'équilibre de la nation. Son génie est d'avoir compris cette évidence : le roi n'est plus le premier des seigneurs de France, il devient, à partir de lui, l'incarnation même de l'intérêt général à travers un État désormais neutre, comme un roc de granit sur lequel les vagues continuent de s'abattre, certes, mais se disloquent aussitôt. Cette position va lui être particulièrement utile au moment où débute l'une des plus complexes parties qu'il lui soit donné de jouer, puisque, cette fois, la trêve entre la France et la Bourgogne semble bien terminée.

Les états généraux de Tours sont à peine achevés que, le 3 juillet 1468, Charles, duc de Bourgogne, tombe en effet le masque en annonçant son mariage avec Marguerite d'York, sœur d'Édouard IV, roi d'Angleterre, ce qui non seulement constitue une insulte à Louis XI, qui lui avait offert sa propre fille, mais encore consacre la mise à l'écart de Warwick, opposé à cette union. Ces somptueuses épousailles, célébrées à Bruges, avec leur cortège de banquets, de bals et de tournois, constituent naturellement une provocation pour le roi de France, qui riposte d'une manière indirecte en attaquant le duc de Bretagne qui a cru bon d'envahir la Normandie.

Effrayé par les succès des 120 000 Français commandés par l'amiral de Bourbon, François II, pour éviter l'invasion, demande aussitôt la paix et signe, le 10 septembre, le traité d'Ancenis, par lequel il brise son alliance avec la Bourgogne. Apprenant cette nouvelle, le Téméraire entre dans une folle colère, manquant de tuer de ses propres mains le héraut chargé de la lui annoncer et, aussitôt, décide de reconstituer la ligue du Bien public, mais avec, cette fois-ci, pour alliés, le roi de Danemark et le duc de Savoie, qu'il est parvenu à rallier à sa cause et, espère-t-il, son nouveau beau-frère, le roi d'Angleterre. Prenant parfaitement la mesure de la situation, le roi de France, inquiet de voir son cousin « belliqueux, porté à la guerre, féroce, vindicatif et mal disposé », selon les termes mêmes du légat pontifical, décide alors de négocier et lui fait savoir qu'il est prêt à le rencontrer, lui dépêchant à cet effet le cardinal Jean Balue et Tanguy du Chastel, chargés de préparer une entrevue.

Ces derniers s'exécutent aussitôt, tandis que, à titre préventif, le roi de France fait disposer ses troupes près de la Somme, qui sert alors de frontière avec son encombrant voisin. Cela ne l'empêche pas de presser son émissaire, à qui il lance : « Cardinal, ne faites rien pour empêcher l'entrevue, car j'entends l'obtenir », montrant par là que, pragmatique, il a toujours deux fers au feu, c'est-à-dire une ligne de conduite et son contraire. Rien ne sert de s'enfermer dans une attitude trop rigide ou dans les limites de ce qu'on n'appelle pas encore l'idéologie. Louis XI sait désormais que, à la manière du navigateur, le bon roi doit certes tenir un cap, mais, pour ce faire, accepter de modifier l'itinéraire lorsque les récifs se font trop dangereux, voire de changer d'embarcation quand celle-ci n'est pas adaptée à la houle, mais toujours tenir, quelle que soit l'issue du combat.

10.

Une rude partie d'échecs

> « En politique, il faut donner ce qu'on n'a pas et promettre ce qu'on ne peut pas donner. »
>
> Louis XI

Le 9 octobre 1468, un petit groupe de cavaliers se présente à la porte de la cité de Péronne, en Picardie, à la limite du Vermandois et du Santerre, attendant patiemment que la garde bourguignonne consente à l'ouvrir. Péronne, en effet, ville marchande sise sur les bords de la Somme et encore entourée d'étangs, est une châtellenie dépendante du grand-duc d'Occident, qui est ici chez lui, du moins pour l'instant. C'est dire l'aspect quelque peu extraordinaire que revêt l'apparition de l'un de ces cavaliers, vêtu d'un simple costume de chasse, puisque ce dernier n'est autre que son pire ennemi, Louis XI, roi de France, quasi incognito, et qu'accompagnent quelques fidèles, parmi lesquels Olivier Le Daim.

Leurs émissaires respectifs ont décidé, quelques semaines

plus tôt, que l'entrevue entre les deux hommes – chacun, bien décidé à ruser, l'espère décisive ! – se tiendrait à Péronne. Mais cette rencontre est-elle bien prudente ? Parmi les proches du Téméraire se trouvent un certain nombre de personnages qui, naguère, ont donné du fil à retordre à Louis XI, parmi lesquels ses anciens compagnons Philippe de Bresse et Antoine du Lau, tous deux passés au service de son rival, de même que Poncet de Rivière et le seigneur d'Urfé. « Grande folie est à un prince de se soumettre à la puissance d'un autre, spécialement quand ils sont en guerre », écrira bientôt Commynes, avec son bon sens habituel.

Certes, l'armée du roi demeure en retrait de la frontière, sous l'autorité de Dammartin, mais hors de Péronne et, plus près d'elle, quelque 300 lances, dont 80 archers de la garde écossaise, campent à portée de flèche. Louis XI estime-t-il que le duc, qui vient ensuite l'accueillir en grand équipage et qui, malgré sa puissance, n'est jamais que son vassal, n'osera entreprendre quoi que ce soit contre son roi ? Pense-t-il réitérer l'entrevue de Paris, ou présume-t-il de sa réelle capacité à convaincre ? Il y a sans doute de tout cela dans sa décision de venir seul, ou presque. En attendant, l'entrevue de Péronne débute sous les meilleurs auspices avec le sourire de mise, les amabilités prodiguées et la patience émaillant les longues conversations au cours desquelles le roi de France multiplie les bons mots et les plaisanteries, tandis que son interlocuteur, comme de coutume, demeure de marbre.

Malgré l'offensive de charme que déploie Louis XI, Charles le Téméraire n'est pas dupe, comprenant que le but de l'opération est, en cas de reconstitution de la Ligue, d'empêcher son nouveau beau-frère, le roi d'Angleterre, de s'y associer. Mais il espère aussi tirer avantage d'un traité dans lequel il confortera ses positions de la Somme, auxquelles il est par-dessus tout attaché. Cela explique donc pourquoi, au bout de deux journées seulement, on parvient à un accord dans lequel, en cas de conflit franco-britannique, la Bourgogne resterait neutre, ce qui rassure pleinement Louis XI. En compensation, les sujets flamands du duc se voient désormais interdits de plaider devant la justice royale, ce qui a pour objet de les détacher un peu plus de la France. Quant au frère cadet de Louis XI – cet éternel boulet que ses alliés traînent depuis la ligue du Bien public –, il recevra les comtés de Champagne et de Brie qui, justement, séparent la France de la Bourgogne.

En moins de quelques jours un traité est signé, à l'issue duquel le roi et le duc prêtent, sur la croix de Charlemagne, un serment par lequel « aucun d'entre eux ne ferait jamais plus la guerre à l'autre, ni ne causerait de dommage en ses terres et ses sujets ». Croient-ils, l'un et l'autre, à cette promesse mutuelle ? Ou feignent-ils d'y croire, avec l'idée que ce répit leur sera profitable ? Il est difficile de répondre à cette question, sauf à souligner que chacun, pour le moment, y trouve son compte. On sait en effet aujourd'hui que, tout en faisant la paix à Péronne, Louis XI envisageait avec Galéas Marie Sforza, le fils de Francesco récemment décédé, une offensive contre le grand-duc d'Occident s'il se montrait trop agressif ! Telles sont les rudes réalités de la géopolitique.

Mais à l'heure où l'horizon semble s'éclaircir enfin, le duc de Bourgogne apprend que les Liégeois viennent, une nouvelle fois, de se révolter contre lui, assassinant au passage leur évêque et leur gouverneur, et ce, à l'initiative d'agents du roi de France ayant fomenté cette rébellion, du moins à ce qu'on lui rapporte. Pour comprendre la situation, il faut savoir que le très décrié évêque de Liège, Louis de Bourbon, est un homme de paille du duc de Bourgogne et son propre cousin, tandis que le gouverneur, Humbercourt, est un de ses proches. Certes, le roi de France nie toute implication dans cet événement, bien que, depuis la ligue du Bien public, il ait, par le passé, tenté nombre de manœuvres pour détacher les Liégeois, dont il reçut maintes ambassades, de leur suzerain, qui finit cependant par mater durement leurs révoltes successives.

Fou de rage, Charles le Téméraire fait aussitôt fermer les portes de Péronne et doubler les effectifs de ses troupes, retenant ainsi son hôte de facto prisonnier dans le château où il a pris ses quartiers. Ce dernier a beau protester de sa bonne foi, le duc de Bourgogne ne le croit pas et va même jusqu'à envisager de le faire tuer, ce dont le dissuade son jeune chambellan, dont reparlera Philippe de Commynes. Mais, bien que demeurant vivant, le roi n'en est pas moins à la merci de son allié présumé, en fait son adversaire. Quelques jours plus tard cependant, vient de Liège la confirmation que ni l'évêque ni le gouverneur n'ont été assassinés, mais sont retenus prisonniers.

Devant néanmoins sévir et, parallèlement, les délivrer, le duc de Bourgogne propose au roi de France, qu'il n'estime pas dédouané pour autant, d'oublier ses griefs s'il l'accompagne à Liège, ce qu'accepte ce dernier qui, il est vrai, n'a pas véritablement le choix, même si le programme du duc de Bourgogne le révulse : tuer tout le monde à Liège, y compris «les coqs et les poules» ! Le 27 octobre, l'armée bourguignonne met le siège devant la cité. La mort dans l'âme, Louis XI, trempé par la pluie qui tombe sans discontinuer, et devant porter sur sa cuirasse, ainsi que ses compagnons, la croix de Saint-André, symbole de la Bourgogne, doit assister à l'anéantissement de la ville, après un siège de quatre jours. S'ensuivent trois journées de pillage, de meurtres et de viols – 4 000 Liégeois sont passés au fil de l'épée ! – auxquels n'échappe qu'une poignée d'habitants qui va mourir de faim et de froid dans les forêts environnantes, pauvres rescapés qui, sur le chemin du retour, insulteront ce roi de France qui les a trahis.

Jusqu'au bout, Louis XI, qui loge dans une humble métairie des environs, parvient à donner le change, ne laissant pas une seconde croire qu'il désapprouve en bloc tout ce que fait le Téméraire, et plus encore ce qu'il lui fait faire, en particulier «les merveilleuses cruautés et inhumanités» de ce dernier qui, depuis qu'il a ceint la couronne ducale, a tendance à multiplier les crimes et les exactions, contrairement à un roi de France plus enclin à pardonner ou, tout au moins, à négocier, estimant que verser le sang ne constitue pas une politique.

Le massacre achevé, début novembre, le roi de France peut enfin prendre congé de son cousin le duc de Bourgogne, celui qui se considère comme un colosse, mais dont il pressent les pieds d'argile et, par là même, la chute future. À Namur, où ils se séparent, c'est la dernière fois que les deux hommes sont en présence ; ils ne se reverront jamais de leur vie. Même s'il est peu fier de lui, après avoir bu la coupe jusqu'à la lie, à l'heure où il rentre en France par Noyon, Louis XI, « comme un renard crotté parvenu à s'échapper du repaire du loup » a dit un contemporain – c'est l'époque des fameuses aventures du goupil, nommé renard –, ne laisse rien paraître de l'humiliation que vient de lui faire subir son cousin, et même écrit à ses conseillers que c'est librement et par sa seule décision qu'il est allé à Liège.

Mais personne n'est dupe, et surtout pas les membres du parlement de Paris qui, venus l'accueillir à Compiègne, y entérinent le traité de Péronne. Quant à Charles le Téméraire, tout à sa joie d'avoir à la fois retenu son souverain contre son gré – ce n'était pas arrivé depuis la captivité de Jean II à la Tour de Londres – et massacré ses sujets de Liège, il ignore encore qu'il va devoir payer cette victoire au centuple, dès que l'occasion se présentera. En attendant, le traité de Péronne fait l'objet de quarante-deux lettres patentes du roi, supervisées par le duc de Bourgogne. Outre quelques questions juridiques de forme, il confirme la ligne de la Somme comme frontière entre la France et la Bourgogne et la constitution en apanage à Charles de France, frère cadet de Louis XI, de la Champagne et la Brie. Seul le roi de France, qui vient de réintégrer sa thébaïde d'Orléans, sait qu'il ne mettra en œuvre aucune des mesures.

« Péronne, Péronne », ont appris à répéter les Français à leurs perroquets, pies, geais et autres oiseaux en cage qui en sont capables, ajoutant que le roi a fait saisir tous ces volatiles peu respectueux. Il semblerait que cette anecdote soit une légende, une de plus concernant un monarque qui, contrairement à ce qu'on dit de lui, sait rire quand il le faut, y compris de lui-même.

Est-ce cette triste affaire de Liège qui donne au roi, soucieux de restaurer son image de souverain, l'idée de pérenniser les valeurs chevaleresques qu'il entend rappeler à ses principaux vassaux ou tente-t-il de se les concilier en les agrégeant à un comité aussi prestigieux que fermé ? Il y a sans doute des deux dans la création, quelques semaines avant la réconciliation avec son frère, le 1er août 1469 à Amboise, de l'ordre de Saint-Michel, qui se veut le pendant français de l'ordre anglais de la Jarretière et, surtout, de l'ordre bourguignon de la Toison d'Or – que le roi de France surnomme « la trahison d'or » ! – dont les constitutions sont pratiquement identiques. C'est le premier des ordres français appelé à perdurer jusqu'à la Révolution, avec pour fête le 29 septembre, jour de la Saint-Michel et pour siège le Mont-Saint-Michel en Normandie. La Légion d'honneur, plus tard, s'inspirera de ses statuts.

Le roi de France dirige les chevaliers, qui sont au nombre de trente-six – Jean Fouquet les a représentés autour du roi, dans leur habit blanc et leur bonnet bleu – et portent un collier d'or fait de coquilles lacées, auquel est suspendu un médaillon représentant l'archange terrassant le dragon. Dans les futures négociations que ses diplomates mettront en œuvre avec le duc de Bourgogne, il sera proposé au Téméraire d'entrer dans cet ordre ô combien fermé, mais le grand-duc d'Occident refusera afin de ne pas être prisonnier du serment de fidélité le liant au roi.

Mais quel est ce dragon ? Louis XI en a tant à combattre qu'il ne sait pas toujours où donner de la tête. Celui dont il faut se débarrasser en premier est son propre frère, à qui il doit constituer un apanage, c'est-à-dire cette terre que les rois doivent à leurs cadets, compensation au fait qu'ils ne règnent pas, et sur laquelle ils peuvent mener une vie plus ou moins luxueuse. À leur mort leur fils en hérite, et s'ils n'en ont pas, elle revient à la Couronne. Charles VII avait fait de son second fils un duc de Berry, mais il avait troqué ce titre contre celui de duc de Normandie, sans pouvoir toutefois prendre possession de sa province. Le duc de Bourgogne le voulait comte de Champagne et de Brie, mais, après l'affaire de Liège, Louis XI avait émis l'idée de substituer à ces dernières la Guyenne (notre actuelle Aquitaine), ce à quoi le Téméraire n'avait pas vu d'objection.

Il a donc toute liberté pour lui offrir ce substitut, qui à ses yeux a le grand avantage de n'être point voisin des États de son adversaire et, de ce fait, peut faire office d'avant-pont, ce qui plaît au prince immature. À cette occasion, Louis XI propose à son frère une rencontre afin de sceller leur conciliation. Celle-ci a lieu le 7 septembre, sur un pont de bateau jeté au-dessus de la Sèvre niortaise. C'est une scène de retrouvailles touchante, durant laquelle, après que son cadet s'est agenouillé devant lui, le roi lui pardonne ses offenses et l'embrasse sous le regard ému de leurs proches, qui s'écrient : « Noël ! Noël ! »

Le nouveau duc de Guyenne s'en va ensuite à Bordeaux prendre possession de son nouvel apanage, tandis que Louis XI décrète une amnistie générale pour tous ceux qui ont servi le prince révolté. Celui-ci s'assagit-il pour autant ? Non, puisqu'il continuera de comploter contre son frère, parfaitement informé par ses espions, mais qui se dira rassuré, le sachant si loin de la Bourgogne ! Reste un ultime danger : la fille du Téméraire est maintenant en âge de se marier et le duc de Guyenne se porte candidat. Faut-il tout recommencer ? Non, parce que, cette fois, le roi de France et le duc de Bourgogne, qui n'apprécie plus guère Charles de France, tombent d'accord pour faire échouer le projet.

Fort de cette petite victoire, qui, à la manière d'une traînée de poudre, lui vaut de nouveaux ralliements, comme celui du duc de Bretagne, Louis XI peut commencer à respirer, se disant que, à l'issue de tant d'années d'intense activité diplomatique, ses efforts n'ont pas été inutiles, même si les conspirations et les trahisons ne cessent pas. À cette même époque, en effet, sont découvertes, sur un messager suspect fouillé par les soldats du roi, les preuves accablantes de la trahison du cardinal Jean Balue en faveur de Charles le Téméraire. Aussitôt arrêté, le prélat, qui ne peut être jugé par les juridictions ordinaires, est donc incarcéré à Loches, mais pas dans la fameuse cage de fer, dont l'histoire a tant parlé. Il bénéficie en réalité de conditions bien meilleures, puisque la seule véritable contrainte du prisonnier est que sa détention durera dix ans, dix longues années durant lesquelles va se morfondre ce singulier prélat, ambitieux invétéré, avide d'argent et de pouvoir, à l'immoralité prouvée, et qui alla jusqu'à trahir celui à qui il devait tout.

Mais rien n'est jamais éternel et Louis XI le sait mieux que quiconque, lui qui apprend, au mois de décembre 1471, que son frère, le duc de Guyenne, est au plus mal, en son château du Hâ. Épuisé par ses maîtresses, disent certains, mais plus probablement victime de la tuberculose, il s'éteint prématurément à Bordeaux, le 24 mai 1472, à l'âge de vingt-cinq ans. Cette disparition prive les grands d'un substitut pour la couronne de France et c'est pour eux une bien mauvaise nouvelle, qui explique la colère du duc de Bourgogne criant, à qui veut l'entendre, que le roi de France a fait périr son cadet « par poison, maléfices, sorcellerie et invocations diaboliques », ce qui contraint Louis XI à faire écarteler, place de Grève, un marchand bourguignon accusé d'avoir voulu fomenter un attentat contre lui sur ordre du Téméraire. La disparition de cet encombrant cadet de la maison de France, qu'on met un an à inhumer dans la cathédrale Saint-André de Bordeaux, avant de l'oublier tout à fait, libère l'esprit du roi qui, à présent, n'a plus de véritable ennemi à l'intérieur de son État.

11.

Les inévitables conflits

> « Vous savez quelle honte ce me serait, si mes ennemis ne trouvaient bonne résistance. »
>
> Louis XI

En cette année 1472, à Plessis-les-Tours, en chemise, dans son lit, une bougie expirant sur la table de chevet, à l'heure où, dans le château, rien ne bouge, Louis XI a bien souvent du mal à trouver le sommeil, dès lors que les problèmes se bousculent sans que les solutions n'apparaissent. Au cœur de sa chambre de retrait, qui n'est pas celle de parade où il reçoit, comme un simple particulier, le roi a, en effet, ses propres soucis, avec en plus ceux du royaume dont Dieu lui a confié la garde et la gestion.

En bougeant, il a réveillé sa levrette préférée, couchée au pied du lit, qui le regarde de son regard humide et attentif, mendiant l'autorisation de le rejoindre. Le roi acquiesce et l'animal s'exécute. Sa chaleur rassure son maître qui, cessant de tourmenter son esprit, finit par s'assoupir, comme tout un chacun dans sa demeure, lui laissant quelques heures de répit avant de se lever pour, à nouveau, se pencher sur les affaires du monde.

Malgré les succès engrangés par son chef, la situation de la monarchie française et sa pérennité ne sont toujours pas assurées tant que continue à planer au-dessus d'elle l'alliance anglo-bourguignonne qui, en théorie, peut la prendre en tenailles. C'est à cela que Louis XI pense jour et nuit, sachant d'instinct que ce problème demeure entier, et qu'à ce moment de son règne, il n'a plus droit à l'erreur s'il veut abattre ses ennemis en menant à bien ses deux œuvres majeures, la paix avec l'outre-Manche et l'écrasement de la maison de Bourgogne, l'une et l'autre étant intimement liées.

Depuis qu'il assume ses responsabilités de roi, Louis XI n'a donc jamais cessé de porter ses regards outre-Manche, ce qui ne relève pas seulement de la bonne politique, mais encore de la survie même de ses États. Depuis qu'il est né, et pendant toute la durée de son enfance et de son adolescence, il n'a connu qu'un pays amputé et totalement dévasté par la guerre civile, et ce, par la faute de deux prédateurs, les grands de la haute noblesse et l'Angleterre. Les premiers sont, depuis son avènement, dans sa ligne de mire. En toute logique, la seconde constitue sa principale préoccupation.

Bien sûr, l'Angleterre au temps de Louis XI n'est plus ce qu'elle a été sous les règnes de Charles VI et de Charles VII. Déjà en grande partie chassée de France par ce dernier, elle s'est repliée sur elle-même et a dû renoncer à sa politique expansionniste sous la contrainte d'une interminable guerre civile, fort bienvenue pour la France, qui avait opposé deux maisons princières, les Lancastre et les York, et que l'histoire a retenue sous le nom de « guerre des Deux-Roses ». Depuis cette époque, l'homme fort du pays est Richard Neville, seizième comte de Warwick qui, après une série d'aventures intrépides lui ayant permis de capturer le roi Henri VI et de placer sur le trône son cousin Édouard IV, le gouverne en maintenant de bonnes relations avec Louis XI, qui le ménage, le flatte et le paye pour qu'il reste éloigné des affaires de France, même s'il ne nourrit à son endroit aucune illusion.

Mais Édouard IV, lui, rêve, plus ou moins secrètement, de reconquérir cette France que ses prédécesseurs ont naguère occupée – et dont il porte toujours le titre de roi – bien que, d'un naturel prudent, il préfère attendre le moment propice pour cela. Or, depuis son mariage avec Élisabeth Woodville, le roi d'Angleterre, tout acquis à sa belle-famille, se libère de l'influence de Warwick, dont il se sépare bientôt dans un mouvement d'affermissement de sa personnalité et de sa politique. Après de nombreuses aventures, Warwick se réfugie en France, où Louis XI l'accueille à Honfleur. Grâce à ce dernier, le souverain se réconcilie avec la femme d'Henri VI que Warwick avait jadis déposé, Marguerite d'Anjou, proche parente du roi de France. Tous trois, en conséquence, élaborent un plan pour renverser Édouard IV et réinstaller sur le trône Henri VI, qui croupit depuis des années à la Tour de Londres.

Comme toujours, même s'il est réalisable, cet audacieux projet est plus facile à formuler qu'à accomplir. Voilà pourquoi, au mois de mars 1470, Warwick, accompagné de Clarence, frère d'Édouard IV, qui joue sa propre partie dans l'affaire puisqu'il doit hériter du trône à la mort d'Édouard, débarque à Honfleur et rejoint Amboise, où Louis XI le reçoit avec tous les honneurs dus à son rang. Une telle amitié, si ostensiblement manifestée, excède une fois de plus le duc de Bourgogne, puisqu'en traversant la Manche, « le faiseur de rois » et son complice n'ont rien trouvé de mieux que d'arraisonner un certain nombre de navires bourguignons et flamands, ce qui, à nouveau, met en fureur le Téméraire, par ailleurs fort inquiet de ce renversement d'alliance imprévu. Celui-ci, en effet, s'il réussit, non seulement va l'isoler un peu plus, mais encore mettra à mal l'économie de ses États flamands qui depuis longtemps ne vivent que grâce au client britannique.

Bien entendu, officiellement, le roi de France n'est pour rien dans le conflit qui se prépare, mais personne n'est dupe des intentions de celui qui mène la danse à l'arrière. Le 25 juillet, l'alliance est conclue en présence de tous ceux qui sont concernés et les préparatifs de guerre sont mis en œuvre. Warwick s'en va prendre ses quartiers à Valognes, en Cotentin, tandis que Louis XI s'installe un peu plus au sud, à Avranches, où il s'oppose aux incursions des soldats d'Édouard IV et du Téméraire, celles-ci cessant rapidement, puisqu'une opportune tempête disperse la flotte anglo-bourguignonne !

Profitant de l'occasion, Warwick embarque à son tour, débarque en Angleterre, libère le roi captif à la Tour de Londres et le réinstalle sur son trône, tandis qu'Édouard IV se réfugie dans les États de son beau-frère, le duc de Bourgogne. De ce jour, Louis XI ne doute plus de la conclusion d'une paix perpétuelle avec son voisin d'outre-Manche.

Son euphorie est entretenue par la naissance, le 30 juin de cette même année, d'un fils, qui, plus solide que les autres, semble vouloir vivre, et qui sera effectivement son successeur Charles VIII, venu au monde sous cette bonne étoile, dont témoigne Chastellain écrivant joliment que le roi « se baignait en roses ».

Pour le roi, les choses sont simples : la réinstallation, sous ses auspices et avec son aide, de la dynastie des Lancastre à Londres aura pour but de faire de l'Angleterre une alliée contre la Bourgogne, surtout si Warwick continue de la mener à la baguette. Peut-être trop conscient de sa bonne fortune, après cet événement majeur qu'il avait tant attendu, Louis XI tombe le masque en convoquant à Tours une assemblée de prélats et de nobles qui, au mois de novembre suivant, réduit à néant le traité de Péronne arraché à un souverain qui, attiré dans un véritable traquenard, n'était plus maître de ses volontés. Fort de cette absolution et persuadé que son alliance anglaise est solide – Warwick lui a promis de l'assister militairement –, Louis XI lance aussitôt, dès le mois de janvier 1471, ses troupes contre la Picardie et occupe désormais les villes de la Somme qu'il n'avait rétrocédées au Téméraire qu'à contrecœur, lors de la paix de Conflans et celle de Saint-Maur. La riposte ne se fait pas attendre : le duc de Bourgogne rassemble ses forces et se porte à sa rencontre, investissant Amiens.

Mais à peine l'offensive commence-t-elle qu'on apprend qu'Édouard IV vient, lui aussi, de débarquer en Angleterre à la tête d'une armée qui, le 14 avril, affronte à Barnet celle de Warwick, tué dans l'affrontement. Cette victoire totalement imprévue est bientôt suivie de celle de Tewkesbury, le 4 mai, contre les troupes de la reine Marguerite, enfin débarquée à son tour, mais qui se retrouve très vite incarcérée à la Tour de Londres, où elle passera trois ans, jusqu'à ce que Louis XI paye sa rançon. Sa capitale regagnée sans effort, Édouard IV fait exécuter Henri VI et se réinstalle sur le trône. Acculé, le roi de France, prenant conscience qu'il a trop tôt vendu la peau de l'ours, doit supporter l'ironie de ses sujets, dont celle-ci :

Or, a-t-il bien son temps perdu,
Et son argent, qui plus lui touche,
Car Warwick est mort et vaincu :
Ha ! Que Louis est fine mouche...

Il est clair que son beau plan s'est effondré comme un château de cartes, ce qui le contraint à ouvrir des négociations avec le duc de Bourgogne, qui accepte une trêve de trois mois. Ce n'est, bien sûr, qu'une esquive pour mieux rebondir, puisque le Téméraire prépare, contre la France, une coalition anglaise, bourguignonne et napolitaine, scellée par le traité de Saint-Omer signé le 1er novembre, et à laquelle la Bretagne souhaite à nouveau se joindre. Face à cette menace, Louis XI joue la carte de l'alliance suisse, savoyarde et vénitienne, États qui, pour des raisons économiques, ont à se plaindre du grand-duc d'Occident. Mais la situation est grave. La peste, qui fait son apparition et dont meurt le prince François, propre fils de Louis XI, détraque-t-elle les esprits ? Ce n'est pas impossible. Le souverain demeure cependant lucide, lui qui confie à un ambassadeur que « ses affaires [ont] toutes pris un tour si contraire à ses intérêts ».

En ce commencement de l'année 1472, une fois de plus, l'ensemble des protagonistes, hors Édouard IV, sont dans l'impasse et, faute de trouver une solution, reconstituent leurs forces en attendant un nouveau conflit, rendu inévitable par la tension ambiante, dès lors que la trêve s'achève. Le Téméraire est clair, lui qui fait afficher sur ses bannières « Vengeance ! Vengeance ! », ce qui en dit long sur l'état mental d'un chef d'État peu responsable, qui laisse ses impulsions le dominer. Le duc de Bourgogne, en effet, se lance dans une campagne militaire particulièrement violente, sur les côtes de la mer du Nord et de la Manche, bombardant les villages, pillant les ports et n'hésitant pas, après la prise de Nesle, à faire trancher les mains des soldats capturés et à faire massacrer les populations civiles, y compris celles qui se réfugient dans les églises, au mépris de toutes les lois de la guerre. Sa cruauté s'exacerbe à chaque campagne, et lui fait dire, un jour, à ses hommes qui viennent de massacrer pratiquement toute la population d'un village conquis : « Par saint Georges ! Mes enfants, vous avez fait là une jolie boucherie ! »

À Beauvais cependant, qu'il encercle le 27 juin 1472, le siège de la ville lui cause un certain nombre de revers, puisque, sous l'autorité d'une habitante de la cité, Jeanne Laisné, qui va entrer dans l'histoire sous le nom de « Jeanne Hachette » en raison de l'arme qu'elle brandit sur le rempart pour inciter ses compatriotes à la résistance, la population combat avec un courage inattendu et une détermination stupéfiante. L'attaque bourguignonne, conduite par le sire de Crèvecœur, échoue et fait entrer «Jeanne Hachette», après Jeanne d'Arc, dans le Panthéon des héroïnes inspirées par le ciel et contribuant à souder le patriotisme national. Les Français étant enfin venus défendre la cité, le 22 juillet, le Téméraire ordonne la levée du siège et prend le chemin de la Normandie, où il espère effectuer la jonction entre ses troupes et celles du duc de Bretagne, tout en ravageant avec une sauvagerie inouïe le pays de Caux, mais sans pouvoir s'emparer de Dieppe.

La réunion des deux armées s'avérant, une fois de plus, impossible, le duc de Bourgogne, épuisé par cette série d'échecs auxquels il ne s'attendait pas, se replie sur Abbeville où, harcelé par les Français, il demande à son tour une trêve, renonçant ainsi à foncer sur Paris, comme il l'avait un temps espéré. Celle-ci est aussitôt accordée par Louis XI, le 3 novembre. Le traité signé, le roi de France peut faire ses comptes et se dire qu'il a bien manœuvré, puisque la paix règne à nouveau et que de nombreux soutiens lui sont apportés par tous ceux qui, de ce jour, ne croient plus dans le duc de Bourgogne, en particulier les anciens conseillers de son frère Charles qui se rallient à lui, comme le redoutable Odet d'Aydie de Lescun qu'il détourne du duc de Bretagne, mais aussi l'ancien chambellan du Téméraire, Philippe de Commynes, aussitôt nommé chambellan, qui sera non seulement un grand diplomate, mais le talentueux historiographe de son règne, avec ses fameux *Mémoires*, rédigés entre 1489 et 1498.

Après tant d'escarmouches, de sièges et de chevauchées, il est temps de faire une pause, comme en témoigne, à sa manière, un ambassadeur italien qui croise Louis ce même automne : « Il passait, accompagné d'une douzaine de cavaliers et son allure était telle que je ne le pris ni pour le roi, ni pour un grand seigneur... En vérité, c'est la mort que de suivre Sa Majesté, car elle va de village en village et s'arrête dans des endroits où il n'y a pas de quoi se loger. La peste sévit partout et personne ne prend aucune précaution contre elle. Et le roi chevauche comme un courrier et non pas comme un roi. »

Cette trêve clôt un redoutable épisode, à l'issue duquel le duc de Bretagne se soumet une nouvelle fois au roi de France, tandis que le duc de Bourgogne, tout à la fois ridicule et affaibli, s'en va en Allemagne pour tenter d'y renforcer son assise diplomatique et militaire, et pour y conquérir le duché de Gueldre, avec la folle envie de succéder à Frédéric III sur le trône impérial.

Ayant promis sa fille, Marie, au fils de l'empereur, Maximilien, le Téméraire se croit à présent un destin germanique et rêve d'une couronne dont l'éclat éclipserait celle de son rival Louis XI. Ne concentre-t-il pas, ce même automne, tout le luxe que sa maison est capable d'étaler, pour impressionner son hôte à Trèves, avec ses pages blonds vêtus de drap d'or, son manteau constellé de diamants et son escorte de 6 000 cavaliers ? Mais tous ses efforts seront vains, puisque son ostentation finira par lui attirer le mépris de l'empereur, qui quitte la ville, sans même le prévenir, le laissant tout à la fois pantois, ridicule et furieux.

Libéré de son meilleur ennemi qui, après un périple en Lorraine, a fini par regagner Dijon, où il boude, Louis XI peut tout à loisir cultiver les alliances que l'impopularité croissante du duc de Bourgogne suscite contre lui, en particulier celle des Suisses qui, le moment venu, lui sera fort utile, mais aussi celle des princes allemands que la puissance – et le caractère imprévisible ! – du grand-duc d'Occident effraie. Tous sont d'accord pour l'isoler afin de l'empêcher de nuire, avant de contribuer à sa destruction, celle-ci devant les libérer d'une menace permanente, d'autant plus dangereuse qu'elle est imprévisible.

Parallèlement, le roi de France lance une offensive militaire pour se débarrasser d'un autre grand prédateur, le turbulent Jean V, comte d'Armagnac, naguère meilleur ami de son frère, le défunt duc de Guyenne. Reclus dans sa place forte de Lectoure, après son retour de Navarre où il s'était quelque temps réfugié, ce dernier finit par capituler, puis reprend position et nargue à nouveau son suzerain. Furieux, le roi conduit une armée contre lui au printemps 1473. Le 5 mars, le dernier comte d'Armagnac est tué dans une escarmouche et son comté démembré. C'est un adversaire de moins à abattre, se dit le roi de France. Aussitôt, il porte ses efforts sur le Roussillon, que le roi d'Aragon vient de lui ravir militairement avec la complicité de ses sujets qui ne voulaient plus être dirigés par les Français et du sénéchal, Bernard d'Oms, passé avec armes et bagages chez l'adversaire.

Mais cette fois, malgré l'envoi d'une expédition militaire, le roi de France ne peut parvenir à récupérer la province et doit se résigner à conclure le traité de Perpignan, le 17 septembre 1473, dans lequel il renonce provisoirement à cette possession emblématique, puisque c'est la première qu'il a conquise. On ne peut pas toujours gagner, se dit le roi qui, malgré tout, pèse néanmoins plus fortement dans le paysage européen, où ses interlocuteurs s'avisent qu'il vaut mieux être son allié que son adversaire. Et justement, le danger est, pour quelque temps, écarté – ce dont témoigne une chanson courant le royaume :

Berry est mort
Bretagne dort
Bourgogne grogne
Le roi besogne

La situation n'en est pas moins inquiétante, puisque ce sont à présent les représailles du roi d'Angleterre qu'il faut craindre, ce dernier partageant désormais les mêmes préjugés à son endroit que le duc de Bourgogne. Les problèmes, décidément, ne cesseront jamais, se dit Louis XI, puisque après avoir abattu un ennemi, il en voit un autre se profiler. Le roi doit donc affronter une nouvelle épreuve, sans toutefois imaginer que celle-ci va lui donner l'occasion de mettre fin à l'interminable conflit opposant son royaume à celui de son voisin d'outre-Manche, et lever définitivement l'hypothèque britannique.

Au moment où s'achève la trêve qui a permis aux peuples de respirer un peu, Louis XI n'ignore pas qu'une nouvelle machine de destruction de la nation est en marche et qu'il lui faut impérativement l'anéantir avant qu'elle ne soit opérationnelle. Il n'a nulle envie d'être le nouveau Jean II, son ancêtre qui passa plusieurs longues années de sa vie dans la Tour de Londres, mais plutôt celui qui achèvera de bouter les « godons » hors de France. Louis XI, qui vient d'apprendre que, par le traité de Londres conclu le 25 juillet 1474, le roi d'Angleterre et son beau-frère, le Téméraire, projettent d'envahir la France, noue aussitôt de fructueux contacts avec les cantons suisses, l'empereur d'Allemagne et le duc d'Autriche, tous trois excédés par les problèmes que leur cause leur turbulent voisin. L'alliance est efficace, puisque, déclarant aussitôt la guerre à la Bourgogne, les Suisses envahissent la Franche-Comté et infligent de sérieux revers à l'armée bourguignonne. Cela suffira-t-il à faire tenir le Téméraire tranquille ? En réalité, il faudra un autre coup d'éclat, que le roi de France est prêt à réaliser. Stupéfaite, l'Europe observe avec crainte et attention. Que signifient ces mouvements de troupes opérant des deux côtés de la Manche ? Ce ballet de diplomates affairés entre les deux camps ? Ces espions s'agitant dans les coulisses des relations officielles ?

12.

La fin de la guerre de Cent Ans

> «J'ai aisément chassé les Anglais hors du royaume que ne l'a fait mon père, car mon père les a mis hors de faits d'armes ; je les ai chassés à force de pâtés de venaison et de bons vins.»
>
> Louis XI

À Paris comme dans les campagnes, dans les châteaux comme dans les chaumières, dans les ports comme à la campagne, chacun se souvient des horreurs de la guerre, il y a encore quelques années, avec son cortège de vols, de viols, de meurtres et d'incendies détruisant les habitations et les champs. En cette année 1475, personne, en France, ne veut plus revivre ces épreuves qu'ont connues, depuis un siècle, les parents, les grands-parents et même les arrière-grands-parents, les ayant racontées aux générations suivantes, leur communiquant cette épouvante des combats, personne ne comprenant comment des chrétiens peuvent ainsi s'infliger tant de malheurs. Toutes proportions gardées, la France de cette seconde moitié du XVe siècle est un peu dans la situation de la France de 1938, dans laquelle la génération de 1914-1918, à Munich, sera prête à tout accepter, même l'inacceptable, pour éviter l'épreuve. Voilà pourquoi Louis XI, plus que jamais, doit jouer serré, s'il veut tout à la fois bousculer son éternel rival bourguignon et ménager l'ennemi anglais.

Jugeant le moment opportun et profitant de l'effet de surprise, le 1er mai 1475, le roi de France lance trois armées contre le Téméraire : la première au Luxembourg, en renfort au duc de Lorraine ; la deuxième vers Mâcon et Besançon ; la troisième en Picardie, dirigé par le roi en personne, et qui progresse jusqu'à Arras, avec pour principal objectif d'empêcher l'armée de Bourgogne de se ravitailler. Au même moment, Louis XI apprend que le roi d'Angleterre achève de constituer l'armée avec laquelle il compte débarquer en France, ce qui l'oblige à signer une énième trêve avec le Téméraire, passablement affaibli par la défaite qu'il vient d'essuyer à Guipy, même s'il ne renonce pas à son obsessionnel projet, ce dont témoigne ce dialogue qu'il tient un jour avec l'empereur, à qui il montre son artillerie : « Voyez-vous ces canons ? Ce sont les clés avec lesquelles je compte ouvrir les villes du royaume de France. » Prédiction qui attire aussitôt celle de son fou, présent à cette scène : « Majesté, mon maître vous a-t-il montré celles qu'il utilisa pour entrer dans Beauvais ? »

En fait, le roi de France sent que, sur cet échiquier où il se démène depuis des années avec l'espoir de mettre enfin échec et mat son ennemi permanent, il se trouve à un tournant et cela bien que la puissance de ce dernier, malgré ses erreurs et ses fautes, soit encore intacte. Sachant que l'ennemi n'est jamais aussi dangereux que lorsqu'il est en état de faiblesse, Louis pressent que ce moment constitue sans doute le plus crucial de son règne, celui dans lequel tout, comme au jeu, peut être perdu ou gagné. Mais comme à son habitude, il n'est jamais meilleur que dans l'adversité, comme si celle-ci renforçait son intelligence et aiguisait sa réactivité aux événements, alors que son adversaire se laisse trop souvent bercer par le chant des sirènes, les flatteries de ses courtisans, les rêveries des romans de chevalerie qu'il dévore et cette certitude qu'il est sans conteste le meilleur de tous, même si ses plus fidèles alliés se dérobent, le laissant bientôt seul devant son destin.

Au début du mois de juillet 1475, le roi d'Angleterre, après avoir réuni une armée de 1 500 lances, 1 000 piétons et une puissante artillerie, grâce aux importants subsides que lui a accordés le Parlement, traverse enfin la Manche pour en découdre avec ce roi de France qui a soutenu son adversaire Warwick, et surtout pour récupérer les possessions perdues par son prédécesseur Henri VI. Par bonheur, le Téméraire, au même moment, est empêtré dans le siège qu'il soutient à Neuss, près de Cologne, ce qui l'empêche de renforcer son beau-frère et allié que, parallèlement, lâchent, à l'ouest, le duc de Bretagne, trop échaudé par les corrections successives que le roi de France lui a administrées, et, à l'est, le duc de Lorraine, exaspéré par les raids bourguignons sur ses terres. En outre, depuis qu'il a fait arraisonner un certain nombre de navires anglais, le duc de Bretagne passe pour un traître aux yeux d'Édouard IV, ce qui sert les plans de Louis XI.

Le roi, qui a mobilisé quelque 2 000 hommes, les conduit

lui-même en Picardie. Mais, évitant soigneusement une rencontre frontale, il se contente de pratiquer la terre brûlée en rasant les forteresses et en détruisant les villes, après avoir fait procéder à l'évacuation des populations. Parfaitement conscient des erreurs de ses prédécesseurs à Crécy et à Azincourt, le roi a résolu, d'une part, d'empêcher les Anglais de se ravitailler et, d'autre part, de ne pas leur donner l'occasion de livrer une de ces batailles dans lesquelles ils ont en général le dessus.

Entre-temps, comme le veut l'usage, le roi d'Angleterre, avant d'embarquer, dépêche au roi de France le chef des hérauts d'armes pour lui déclarer la guerre. C'est très aimablement que Louis XI reçoit ce dernier, à qui il offre non seulement trois cents écus pour l'aider à convaincre son maître de faire la paix, mais encore trois cents autres s'il y parvient. Ne lui explique-t-il pas que le roi d'Angleterre ne vient pas combattre en France de son plein gré, mais poussé par son beau-frère qui n'est qu'une tête folle ? C'est une réalité : le roi a fait là de la belle ouvrage, qui a instillé le doute dans l'esprit de l'adversaire !

Enfin débarqué à Calais, le 4 juillet, Édouard IV, accompagné de son frère Richard, duc de Gloucester, attend le duc de Bourgogne, en vertu des clauses du traité de Londres. Celui-ci arrive enfin, mais sans l'armée promise, qu'il a laissée en Lorraine, puisqu'il estime que le plan stratégique anglais n'est pas bon et qu'il faut en prévoir un autre, avant de rentrer chez lui avec sa maigre escorte de chevaliers. Geste manqué causé par la légèreté du grand-duc d'Occident ou par sa vacuité politique et stratégique ? On ne saura jamais, mais Édouard IV s'aperçoit qu'il est à présent seul, sans allié, contre un adversaire qu'il ne sous-estime en rien et qui peut le conduire au désastre en réduisant son armée à la famine, en l'attirant dans des guets-apens imprévus, en la harcelant en combats d'arrière-garde sans jamais se dévoiler.

Diable ! Louis XI n'aligne-t-il pas 50 000 soldats bien entraînés et, qui plus est, étant sur leur sol, bien meilleurs connaisseurs du terrain ? Difficile, dans ces conditions, de foncer sur Reims, où Édouard IV doit être sacré roi de France, sans risquer une défaite en rase campagne, d'autant que l'insaisissable Téméraire, qui devait l'escorter, s'est volatilisé dans la nature ! Enfin, contrairement à ce qu'elle a connu dans le passé, la monarchie française a retrouvé sa force et son unité et nul, dans le peuple de France, ne souhaite un roi anglais, à l'exception de quelques feudataires écervelés qui se trompent d'époque. Une seule solution vient alors à l'esprit du souverain britannique, sous l'influence manifeste de son héraut d'armes : négocier avec son adversaire.

Le 13 août, les pourparlers débutent et on parvient rapidement à un accord. Si Louis XI ne cède pas un pouce de terre française, il s'engage, à la condition que les Anglais rebroussent chemin, à signer une trêve de sept ans – pendant lesquels les marchands anglais et français pourront écouler leurs produits respectifs –, à leur verser les 75 000 florins correspondant aux frais de leur expédition avancés par le Parlement britannique, et à accorder au roi une pension annuelle de 50 000 florins, payable pour moitié à Pâques et pour moitié à la Saint-Michel. Enfin, un mariage devra sceller cette nouvelle amitié entre les deux peuples, celui du Dauphin Charles avec la fille aînée d'Édouard, dès que leur âge leur permettra de convoler.

Une fois ces propositions adoptées par les deux parties, le 23 août – tandis que de somptueux cadeaux sont échangés entre négociateurs –, une rencontre est organisée entre les deux rois qui, à ce jour, ne se sont encore jamais vus, et qui maintenant ont grand envie de se parler directement, afin de sceller un accord honorable pour les deux parties ou, pour mieux dire, une paix achetée. Celle-ci se déroule près d'Amiens, à Picquigny, sur un pont jeté sur la Somme, au milieu duquel un petit pavillon de bois a été édifié. Luxe mis à part, il préfigure une autre rencontre franco-anglaise, qui aura lieu au siècle suivant : celle du camp du Drap d'Or où François Ier et Henri VIII rivaliseront de paroles, de jeux, de bals et de banquets.

Partant chacun de leur rive respective, les deux souverains se mettent en chemin seuls, laissant leurs proches et leurs troupes derrière eux et, en s'apercevant, ôtent chacun leur chapeau et se saluent avant de s'embrasser à travers les trous pratiqués sur le guichet. Le roi de France dit alors à assez haute voix pour être entendu de tous : « Monseigneur et mon cousin, soyez le très bienvenu. Il n'y a homme au monde que je désirasse tant à voir que vous. Et loué soit Dieu, de qui nous sommes assemblés à cette bonne intention. » Le roi d'Angleterre lui répond sur un ton tout aussi aimable et chacun – les dames surtout ! – admire la belle allure d'Édouard IV, dont le mètre quatre-vingt-treize tranche singulièrement avec la taille des hommes de son temps, et la joie qui se lit sur les traits plus ingrats de Louis XI, d'autant que, si Édouard est somptueusement vêtu, Louis, comme à son habitude, porte son costume ordinaire.

Suit une conversation en français, à l'issue de laquelle leur est apporté, par les chanceliers respectifs des deux royaumes, le traité que chacun d'eux paraphe, après avoir solennellement juré sur la croix. Cela accompli, les soldats des deux armées applaudissent, les Anglais surtout, à qui, depuis trois jours, Louis XI a fait porter force vivres et maintes barriques de vin, dont ils usent et abusent largement, ce qui fait joliment dire à Commynes, de cette mémorable journée, que « d'eau, n'était nouvelle ». C'est une belle rencontre franche et fraternelle, conclue par une longue conversation privée entre les deux rois, elle-même suivie d'un banquet où les dignitaires anglais et français apprennent à se connaître, et, enfin, par la remise des caisses remplies de monnaie sonnante et trébuchante, que les banquiers ont très rapidement réunie.

L'atmosphère est particulièrement détendue et on finit par plaisanter, Louis XI concluant en confiant à Commynes : « C'est un très beau roi. Il aime fort les femmes. Il pourrait trouver quelque rusée à Paris, qui lui saurait bien dire tant de belles paroles qu'elle lui ferait envie de revenir. » A-t-il l'intention d'inviter Édouard IV à Paris ou n'est-ce qu'effet de parole ? En réalité, il ne semble pas être prêt à revoir un roi d'Angleterre dans la capitale capétienne… D'ailleurs, il faudra attendre quatre siècles avant qu'un souverain anglais ne vienne à Paris, en la personne de la jeune reine Victoria acceptant l'invitation de Louis-Philippe.

Le 31 août, les Anglais, après avoir bien crié « Largesse

au très noble roi de France», et toujours plus ou moins éméchés, reprennent le chemin de Calais. Le 1er septembre, ils rembarquent pour Douvres. Des deux côtés de la Manche, Édouard IV à Londres, Louis XI à Paris, les deux souverains sont triomphalement accueillis par leurs sujets, heureux d'une issue sans effusion de sang et sans dommage pour les terres et les êtres. En France, une chanson est immédiatement écrite, qui rend bien compte de l'état d'esprit général :

J'ai vu le roi d'Angleterre
Amener son gros ost
Pour la Française terre
Conquérir bref et tôt
Le roi voyant l'affaire
Si bon vin leur donna
Que l'autre sans rien faire
Content s'en retourna.

Ulcéré – mais il ne peut s'en prendre qu'à lui-même ! –, le duc de Bourgogne, qui a payé les navires ayant transporté l'armée de son beau-frère, n'a plus qu'à proposer à Louis XI une trêve de neuf années. Celle-ci est signée au château de Soleuvre, le 13 septembre 1475, et a pour effet d'entraîner le duc de Bretagne à faire de même, renonçant à toute agression de la France. C'est, pour le roi, jouer gagnant sur les deux tableaux, à l'ouest comme à l'est, au nord comme au sud, tandis que ce traité sépare un peu plus encore le Téméraire d'Édouard IV, aussi furieux de n'avoir pas été associé à cette paix que Bourgogne l'avait été de ne pas l'être à celle de Picquigny.

En fin de compte, cette guerre improbable ne fait qu'une victime, le connétable de France, comte de Saint-Pol, lequel, après avoir tergiversé entre les deux camps, a fini par trahir le roi en livrant Saint-Quentin à son adversaire le plus acharné, le duc de Bourgogne, tout en se brouillant avec lui. Abandonné par tous, il est arrêté à Mons et aussitôt conduit à Paris. Incarcéré à la Bastille, il est bientôt traduit devant le parlement, et cela à son plus grand étonnement, car il n'imaginait nullement devoir être jugé. Les preuves de ses multiples trahisons l'ayant rapidement confondu, il est condamné à mort le 19 décembre 1475, et décapité le même jour, place de Grève, devant l'Hôtel de Ville, sur une tribune tendue de noir, devant un grand concours de population, curieuse de voir comment va tomber la tête d'un connétable de France, la plus haute autorité militaire après le roi.

En matière d'oraison funèbre, son ancien maître, le duc de Bourgogne, laisse tomber en riant, à table, devant ses convives : « C'est un bel exemple de la confiance qu'on peut accorder au roi, et de la façon dont il traite tous ceux qui veulent être ses amis. » Le Téméraire peut ironiser, Louis XI sait que, par sa sagesse, il vient de mettre fin à cette guerre de Cent Ans qui a si longtemps ravagé la pauvre terre de France, et qu'il est parvenu, une fois de plus, à écarter les sirènes des batailles pour laisser la diplomatie suivre son cours. Une époque s'achève ; une autre commence, marquée par la prospérité engendrée par la paix et l'intégrité territoriale retrouvée, puisque, lorsque s'achèvera le règne de Louis XI, l'Angleterre ne possédera plus en France que Calais. Ce que comprend parfaitement un notaire de Laval, auteur d'un poème marqué du sceau de la lucidité :

Et quand Anglais furent dehors
Chacun se mit en ses efforts
De bâtir et de marchander
Et en biens superabonder.

En fait, comme la lutte contre les grands, la cessation de l'interminable conflit a pour conséquence de renforcer une autorité royale qui, après avoir failli disparaître aux pires heures de l'après-Azincourt et du Dauphin de Bourges, sort de l'épreuve confortée, plus naturelle et plus sereine, témoignant de la vitalité d'une France à présent sortie de l'ornière et qui, de la défense, est passée à l'attaque. Édouard IV, sur le tard, finira par regretter d'avoir capitulé à de si viles conditions, mais, trop occupé à régler ses propres affaires avec ses turbulents voisins irlandais, gallois et écossais, il n'aura guère le temps de reconsidérer sa position vis-à-vis d'une France dont le tropisme n'aura désormais pour effet que d'entretenir la nostalgie.

Tout est-il consommé pour autant ? Non, car il reste encore au roi une puissance à abattre, aussi menaçante pour lui que pour la France : la Bourgogne. Mais là encore, c'est par la ruse et non par la force qu'entend la réduire celui qu'on dit cruel, et qui est prêt à tout pour économiser jusqu'au bout l'or et le sang de ses sujets, en roi économe de monnaie et de vies humaines. Son rival, au contraire, a depuis longtemps dilapidé le trésor que son père lui avait légué, vivant à présent d'expédients et d'emprunts contractés auprès de prêteurs de moins en moins nombreux. Il traîne en effet derrière lui une épouvantable réputation de cruauté gratuite, d'emportement pathologique et d'irrésolution maladive, de telle sorte qu'année après année ses amis se détournent de lui, tout comme ses alliés qui le lâchent les uns après les autres.

13.

Le grand duel

« Subtilité vaut mieux que force. »

Louis XI

En cette matinée d'automne, dans la forêt de Loches, le sanglier pourchassé, effrayé par la meute et les cornures, tente d'échapper à ses poursuivants, courant à perdre haleine entre les futaies et les taillis. Voilà cinq heures que l'on chasse ce grand mâle solitaire après l'avoir attaqué dans un roncier ; il a tenu plusieurs fermes, blessé sept chiens, et maintenant il fait face une dernière fois à proximité du grand étang. Le calcul est juste et, cette fois-ci – à tout seigneur tout honneur –, c'est le roi en personne à qui il revient le privilège de le servir, au moyen d'un épieu de bois grâce auquel il le transperce, l'immobilisant dans un dernier cri.

Le corps sanglant de la puissante bête évoque-t-il, aux yeux de Louis XI, un adversaire infiniment plus redoutable, qui, depuis des années, hante ses nuits, et dont il caresse en secret le désir de le voir, à son tour, couché à terre, inerte et vaincu ? C'est incontestable. L'espace d'une seconde – à la manière d'une vision fulgurante –, il lui semble bien que ce n'est pas un sanglier qui est en train d'agoniser sous ses yeux, entouré de la meute de chiens poussant des aboiements féroces, mais bien son cousin Charles, jadis son ami, aujourd'hui la terreur de ses États. Pourtant, est-ce par la force qu'il l'abattra, comme cette bête à présent inerte, ou par la ruse, ou encore par les deux ?

La lutte qui oppose le royaume de France à ce qu'il est convenu d'appeler le grand-duché d'Occident, au-delà de la simple rivalité entre deux États voisins et rivaux, peut être considéré par bien des aspects comme un duel entre deux hommes que tout oppose, Louis XI et Charles, dit « le Téméraire », tous deux descendants directs, l'un et l'autre, du roi Jean le Bon, deuxième souverain de la dynastie des Valois.

Louis, en effet, est avant tout un pragmatique, qui gouverne avec l'intérêt de la France sans cesse en tête, le désir très sincère de bien faire et le sens d'une méthode de gouvernement empirique, forgée au gré des circonstances et du sens des réalités, même si elle n'exclut ni le cynisme ni la brutalité. Charles, son cadet de dix ans, est un idéaliste, de caractère fantasque, qui pense plus à lui qu'à la Bourgogne, poursuivant une série de chimères, dont les moindres ne sont pas la transformation de ses États en royaume – la reconstitution de l'ancienne Lotharingie carolingienne ! – et, dans la foulée, sa future élection à la dignité de chef du Saint Empire romain germanique. Ce qui est totalement irréaliste, ne serait-ce qu'en raison même du peu de considération que lui portent les Allemands.

C'est dire si le premier, expert dans le contrôle de soi, n'a rien à prouver, alors que le second, frénétiquement ambitieux, s'épuise à tenter d'impressionner les autres, quitte à les indisposer en les éclaboussant de son luxe et de son faste. Cela explique que, même s'ils sont tous deux des chevaliers accomplis – ils l'ont prouvé sur le champ de bataille –, le premier, qui n'est ni séduisant, ni fastueux, ni prodigue, demeure fidèle à son apparence modeste, tandis que le second, qui certes ne manque pas d'allure, avec sa haute taille et ses yeux clairs, apparaît toujours somptueusement mis, arborant soies précieuses, panaches de plumes et joyaux prestigieux que lui permettent d'acquérir les revenus de ses États, considérés comme les plus riches de son temps. Tous deux, en revanche, aiment se plonger dans les livres : Louis dans les traités et Charles plutôt dans les romans.

Mais il est une autre différence, plus fondamentale encore que les précédentes. Le roi de France est avant tout un homme de réflexion, qui n'entreprend rien sans avoir longuement pesé le pour et le contre, tandis que son rival est d'abord un impulsif, outrancier, entêté et brutal qui, le plus souvent, agit avant de réfléchir. Leurs comportements respectifs sont différents parce que leur expérience de la vie l'est tout autant. L'un est roi par naissance, alors que l'autre, descendant des rois de France par son père et des rois d'Angleterre par sa mère, veut le devenir grâce à ce qu'il croit être son génie. Le premier assume donc la tradition capétienne, faite de prudence et de bon sens ; le second se veut la réincarnation des héros de l'Antiquité, Alexandre ou César en particulier, et poursuit des songes intérieurs, qui ne sont pourtant qu'un palliatif à ses angoisses existentielles.

En fait, contrairement à Louis, le duc de Bourgogne ne tire aucun enseignement de ses échecs successifs et commet toujours les mêmes erreurs, comme s'il était incapable d'apprendre, enfermé qu'il est dans cet insoutenable orgueil qui, selon le chroniqueur Thomas Basin, le conduit « à n'estimer ni craindre personne ». Charles, de surcroît, pour « téméraire » qu'il soit, est avant tout un être solitaire et dépressif, ce qui transparaît dans ce regard triste, que sut si bien immortaliser le pinceau de Van der Weyden. Toute sa vie, celui qui a attendu si longtemps que la mort de son père fît de lui le maître, s'est toujours senti incompris par les siens, y compris des femmes vers lesquelles il se sent peu attiré, alors que Louis est un jouisseur reconnu. Veuf de Catherine de France, fille de Charles VII, qu'il a à peine connue, puis d'Isabelle de Bourbon qui lui avait donné son unique fille, Marie, il est à présent l'époux de Marguerite d'York, à laquelle il prodigue peu d'attention. Chastellain, un témoin de son temps, l'a bien compris, lui qui écrit du fils de Philippe le Bon, maniaco-dépressif chronique : « Il n'y avait nul, ni médecin, ni autre qui pût jamais remettre le duc en joie ni en paix de cœur. »

On dit encore que le premier est cruel et le second chevaleresque. C'est faux, si Louis est sévère, et parfois même très dur avec les ennemis de la France, il ne l'est jamais gratuitement. Charles, lui, avec le temps – les témoignages abondent ! –, se délecte à massacrer ses adversaires et sa cruauté finit par lui aliéner ses derniers fidèles. À la manière de ces enfants qui prennent plaisir à arracher les membres des insectes, cet être immature et superficiel finit par jouir de la douleur des autres. Enfin, ultime vanité, il se prend pour un grand stratège, bien que, malgré son courage, il brille peu à la bataille, de telle sorte que ses présumés talents ne sont, à l'égal des autres traits de sa personnalité, que des chimères.

Il est désormais clair qu'au lendemain du renversement des alliances, qui prive désormais le Téméraire de l'appui anglais, l'un de ces deux hommes est de trop sur cette terre et doit disparaître d'une façon ou d'une autre et, tout aussi naturellement, avec lui, l'un de ces deux États. À plus ou moins long terme, en effet, l'échec de l'un entraînera inévitablement la destruction de ses biens : si Charles a raison de Louis, la France sera dépecée. Si Louis a raison de Charles, l'indépendance de la Bourgogne disparaîtra ! C'est donc une lutte à mort qui s'engage, dans laquelle il n'y a place ni pour la grâce ni pour la clémence, une bataille sans merci, qui doit aller jusqu'à son terme.

Ce grand duel qui commence va, de surcroît, plus que jamais, permettre à Louis XI de justifier son surnom d'araignée, lui qui, à force de patience, est en train de tisser la plus vaste, la plus solide et la plus invisible des toiles, dans laquelle va se prendre le beau et irréfléchi papillon de Bourgogne qui, à l'instar d'Icare, se brûlera les ailes pour avoir voulu s'approcher de trop près du soleil. Mais, pour replacer ce duel dans l'esprit du Moyen Âge, il n'est pas sans rappeler le fameux roman, que Louis XI a très certainement lu, à l'issue duquel Renart, le goupil, a raison d'Ysengrin, le loup, trop sot pour déjouer les pièges tendus par la ruse et qui, inévitablement, va tomber dans le traquenard offert.

Au lendemain de la trêve qu'il a signée avec le roi de France, le Téméraire, qui se croit libéré du danger, s'avère incapable de voir les dommages que lui occasionne ce dernier qui, ne voulant surtout pas d'un combat frontal, lui nuit systématiquement et quotidiennement, en le harcelant par toutes sortes d'actes invisibles, mais pourtant bien réels. Depuis quelques mois, en concurrençant systématiquement les foires de Bourgogne et de Flandres, en interceptant leurs navires marchands, en subventionnant les Suisses pour déstabiliser ses frontières et en dissuadant les banquiers de lui prêter de l'argent, Louis XI ruine progressivement une Bourgogne déjà rendue exsangue par les guerres successives que son chef lui a imposées. Parallèlement, sans jamais apparaître lui-même, le roi de France monte contre le duc de Bourgogne de nouveaux ennemis : Sigismond d'Autriche, les cantons suisses, les villes rhénanes et le duc de Lorraine, à présent unis par le traité de Constance. En fait, si, dans cette guerre, Louis XI est le chef d'orchestre, il n'apparaît jamais en première ligne. Bien plus efficace qu'un choc frontal, sa stratégie aux marges va s'avérer payante.

C'est à ce moment, ô combien dangereux pour lui, que le duc de Bourgogne, à la tête d'une armée de 40 000 hommes, entreprend, au mois de janvier 1476, une nouvelle campagne pour s'emparer de la Lorraine, qu'il convoite depuis longtemps, puisque la possession de ce territoire lui permettrait d'unifier la Bourgogne et les Flandres et faire de ses États un bloc territorial homogène, lui offrant la possibilité, croit-il, de l'ériger en royaume. Fort de l'effet de surprise que constitue cette offensive contre le duc René, cousin du roi de France, il parvient rapidement à ses fins et, aussitôt, annexe la province, poussant l'audace jusqu'à s'installer au palais de Nancy, dont il a résolu de faire la nouvelle capitale de ses États.

Malgré ce succès, il apparaît aux observateurs avisés – et Louis XI est naturellement du nombre – que la puissance bourguignonne parvient à la limite de ses moyens. L'esprit faussé par ce succès facile, qui lui fait oublier une longue série de revers militaires depuis Beauvais, le Téméraire conduit ensuite les 60 000 hommes de son armée contre les Suisses et franchit le col de Jougne, où il se prend alors pour la réincarnation d'Hannibal. Il établit ensuite son camp au pied de la ville de Grandson, sur la rive nord du lac de Neuchâtel, où les Suisses se sont enfermés, et dont il fait aussitôt le siège. Un mois plus tard, totalement privés de nourriture, ces derniers se rendent et le duc de Bourgogne fait pendre les 400 survivants.

Une telle indignité, qui horrifie les populations civiles, cimente l'énergie des Suisses qui, après quelques mois de panique, se ressaisissent et réorganisent leurs forces. Ainsi, à la surprise générale, le 2 mars suivant, ils infligent au Téméraire une cinglante défaite au même endroit, provoquant la débandade générale des Bourguignons, qui ne s'attendaient absolument pas à une telle offensive. Le duc lui-même est contraint de fuir et d'abandonner sur place ses propres bagages, avec son trésor, ses meubles, ses objets d'art, sa chapelle, et jusqu'à son chapeau orné du Sancy, le plus gros diamant de l'époque, dont les vainqueurs se saisissent, avec son épée sertie de pierreries, deux énormes perles et cinq rubis considérés comme les plus beaux de l'époque.

Mis en déroute par ces paysans armés, qu'il méprisait jusque-là – et qui ont tout de même laissé sur le terrain 10 000 Bourguignons tués, « le temps de dire un miserere », comme le dit un contemporain ! –, le Téméraire, de ce jour, n'est plus qu'un chef battu, dont les alliés se méfient, même s'il parvient à reconstituer une partie de ses forces en réunissant une armée de quelque 15 000 hommes, mais dont le moral est au plus bas. N'essuie-t-il pas, le 22 juin 1476, un nouvel échec, peut-être plus important encore, à Morat, où ses ennemis l'attaquent par surprise, menant un combat décisif dans lequel le duc de Bourgogne manque de peu d'être tué, comme la moitié de son armée ? Prostré pendant six mois dans son domaine de la Rivière, en Franche-Comté, le duc de Bourgogne finit par réagir en se brouillant sottement avec la duchesse douairière de Savoie, régente de l'État pendant la minorité de son fils, Philibert, et son ancienne alliée, qu'il traite de putain et décide de faire arrêter.

Or celle-ci n'est autre que la sœur de Louis XI, qui envoie immédiatement un corps expéditionnaire pour la libérer. Elle trouve refuge chez son frère, mais cette ultime provocation scelle le destin du Téméraire. Des rives de la Loire, Louis XI se tient quotidiennement informé de la situation par ses nombreux espions, émissaires ou diplomates en mission dans toute l'Europe, et, en sous-main, il continue à pousser ses alliés à poursuivre la lutte contre un duc désormais détesté de tous et en qui ses sujets eux-mêmes ne croient plus. Lucide sur la nature réelle de son ennemi, ne confie-t-il pas à un diplomate italien ce jugement qui fera date ? « Le duc de Bourgogne est si instable qu'il change constamment d'idées. Tantôt il m'annonce une chose, tantôt une autre. Il hésite tant que je ne sais au juste ce qu'il veut me dire. Par ma foi, il est fou. »

Ainsi décide-t-il d'aider le duc de Lorraine à récupérer ses terres en lui fournissant hommes, armes et vivres pour lui permettre de résister aux agressions de son puissant voisin qui – ce sera son chant du cygne – ne va pas tarder à l'attaquer. Car peu à peu, le Téméraire – que Louis XI, non sans une certaine ironie, avait naguère mis en garde contre les Suisses ! – s'enferre dans le conflit, sans se rendre compte qu'il n'a plus les moyens financiers et militaires de réduire ses ennemis et que, de l'état de chasseur, il va bientôt passer à celui de gibier.

L'excellent chasseur qu'est le roi de France comprend-il que l'hallali est proche ? Quand son ennemi, à l'automne, met le siège devant Nancy, que le duc de Lorraine vient de récupérer facilement avec l'aide de Louis XI, c'est certain. L'heure de la curée va bientôt sonner, se dit-on partout. Cette décision, en effet, est une erreur, puisque le duc de Bourgogne n'a pas suffisamment de troupes pour remporter la place. Épuisés par les rigueurs de l'hiver, ses 2 000 soldats survivants des désastres suisses sont peu à peu gagnés par le découragement, et nombre de ses alliés commencent à déserter, laissant le Téméraire seul, ou presque, devant son destin et la détermination des Nancéiens, qui, bien qu'affamés, préfèrent manger les rats, les chats, les chiens et les chevaux que de se rendre, sachant ce qui les attend s'ils tombent aux mains du duc de Bourgogne.

Le 5 janvier 1477, alors que la neige ne cesse de tomber, le duc de Lorraine, à la tête d'une puissante armée de 15 000 hommes, qu'il vient de constituer grâce à l'aide du roi de France, se dirige vers sa capitale et, au passage, bouscule les troupes bourguignonnes qui, à son approche, se débandent, tandis que le condottiere napolitain Nicola di Monforte, comte de Campobasso choisit ce moment pour trahir et passer à l'ennemi. L'affrontement est aussi rapide que décisif, puisqu'en fin d'après-midi, il ne reste pratiquement plus rien de l'armée du Téméraire. Seul son chef manque à l'appel, que tout le monde cherche partout, se demandant s'il a fui ou s'il est mort pendant l'affrontement. Il faut attendre le surlendemain pour que son page, Colonna, retrouve dans la neige un corps, déjà dénudé par les détrousseurs de cadavres, la tête fendue jusqu'aux dents, les joues à moitié dévorées par les loups : celui d'un des plus grands princes de son temps, Charles le Téméraire.

Il ne faut que quelques jours pour que Louis XI apprenne, de la bouche du seigneur de Lude, qui a chevauché à perdre haleine depuis Nancy, la pathétique fin de son ennemi. Tous les assistants sont témoins de sa joie qu'il ne sait dissimuler, à l'heure où rien ne menace plus désormais cette France à laquelle il a épargné la guerre et dont il a sauvé l'intégrité territoriale. Cela justifie bien l'organisation, dans tout le royaume, de messes d'action de grâce et de processions « pour les bonnes et agréables nouvelles » qu'il vient de recevoir ! Sa passion l'ayant quitté, c'est une oraison funèbre de son ennemi beaucoup plus modérée qu'il livre à Philippe de Commynes. Elle constitue un modèle du genre, puisqu'il ne fait pas de doute que c'est en pensant à l'ensemble des grands, y compris lui-même, que son esprit l'a échafaudée. En voici quelques phrases : « Ne lui eût-il pas mieux valu à lui et à tous les princes, et hommes de moyen état, qu'il eût vécu et élire le moyen chemin, c'est à savoir mieux se soucier et moins se travailler et entreprendre moins de choses ; plus craindre et offenser Dieu et à persécuter le peuple et leurs voisins par tant de voies cruelles, et prendre des aises et des plaisirs honnêtes ? Leurs vies en seraient plus longues ; les maladies en viendraient plus tard, et leur mort en serait plus regrettée et de plus de gens et moins désirée. »

Les terres du défunt duc sont bien sûr convoitées par les grands prédateurs, ce qui conduit l'héritière, Marie, âgée seulement de dix-neuf ans, à demander l'aide de son parrain, le roi de France, sous la protection de qui elle se place, puisque à ce moment, sans pouvoir et sans argent, elle est virtuellement prisonnière de ses sujets gantois qui la pressent de convoquer les états généraux. En fait, tout en feignant de servir ses intérêts, Louis XI va méthodiquement la dépouiller, d'abord en occupant militairement la Picardie – venant en personne récupérer ses chères villes de la Somme –, le Boulonnais puis la Bourgogne, dont les places fortes se donnent progressivement à lui, conscientes qu'elles n'ont, pour l'instant, pas d'autre choix. Mais l'annexion de l'ensemble sera plus difficile que le roi ne le croit d'abord, exigeant de lui une nouvelle fois la patience et la ruse qui, jusqu'ici, lui ont toujours permis de parvenir à ses fins.

14.

La réorganisation de la France

> « Le roi ressemble à un grand fleuve, duquel sortent petites rivières et petits ruisseaux, et, s'il est doux et net, les petites rivières et les petits ruisseaux seront nets et doux et s'il est rude et sale, ils seront rudes et sales. »
>
> Louis XI

Autour de la grande table couverte d'un tapis, mais qui n'est pas vert, puisque ce n'en est pas encore l'usage, ils sont un petit nombre de conseillers à encadrer le roi, assis au centre. Ce dernier interroge tour à tour l'un ou l'autre, et chacun répond, en toute franchise, exposant ses arguments, même si certains, parfois, ne sont pas conformes à l'opinion du maître. Mais, quel que soit le sujet, un point demeure essentiel : Louis XI souhaite tout savoir et s'occupe de tout, aucun sujet n'échappant à son contrôle, donc à sa décision.

Le grand duel achevé, Louis XI, qui sent l'âge venir, souhaite mener à terme la réorganisation de la France à laquelle il s'est attelé dès son couronnement, mais que les guerres, plus ou moins permanentes, ont passablement perturbée. Dans ce domaine, il se montre aussi rusé, quoique plus modéré, qu'en politique étrangère, sachant qu'on ne modifie pas un État comme on vainc un ennemi, lui qui aime à rappeler, avec son pragmatisme habituel, que, « en matière d'administration, toutes les réformes sont odieuses » – qui dirait le contraire aujourd'hui ? Un ambassadeur milanais, observateur attentif, note : « Le roi est d'une nature telle que, s'il n'avait plus rien à redouter et pouvait gouverner le royaume à sa guise, il réglerait toutes ses affaires en un jour et ôterait le goût de vivre à ses seigneurs. »

Lorsqu'il est monté sur le trône, la société française était dans un état de décomposition avancée, de même que l'autorité de l'État, diluée dans la complexe organisation féodale de la société médiévale. Au prix de longues années de labeur quotidien, de discussions avec ses conseillers, de chamailleries, voire de véritables guerres avec les grands du royaume, Louis XI est parvenu, progressivement, à instaurer un relatif absolutisme monarchique, qui lui a permis de juguler la hiérarchie de l'Église et d'écraser la puissance de la noblesse, tout en s'appuyant sur un tiers état reconnaissant du service qu'il a rendu à la nation en écartant le spectre de la guerre.

La restauration de l'État est bien, en ce sens, l'œuvre majeure de Louis XI qui, par l'implacable affirmation de l'absolutisme monarchique, peut mener à bien l'exercice des attributions de la puissance publique, non seulement dans les États traditionnels des Capétiens, mais aussi dans les territoires nouvellement conquis, Roussillon, Bourgogne, Picardie, Anjou et Provence, pour ne citer que les principaux. Dans ce domaine, le roi et ses conseillers en nombre réduit – et, on l'a dit, pratiquement tous issus de la roture – peuvent conduire les réformes nécessaires en matière d'administration, d'armée, de justice, d'Église et de finances, ce qui, de surcroît, a pour conséquence la progressive extension du français, qui désormais s'impose comme la langue du royaume. Ce point est accentué grâce au développement de l'imprimerie, que Louis XI encourage personnellement. N'est-ce pas en effet en 1477 qu'est publié, à Paris, sous les auspices de l'éditeur Pasquier Bonhomme, le premier livre entièrement rédigé en français, *Les Grandes Chroniques de France* ?

Levé tous les jours à l'aube, ce souverain besogneux commence sa journée en convoquant ses secrétaires, leur dictant ses lettres pendant qu'on l'habille, avant d'entendre la messe, en pensant probablement aux affaires de l'État. S'étant remis ensuite à la tâche, il travaille jusqu'à son repas et, celui-ci expédié, s'enferme à nouveau jusqu'à l'heure du souper, ne s'autorisant entre-temps qu'une heure ou deux pour aller prendre l'air ou sacrifier à sa passion de la chasse, qui ira s'estompant en vieillissant, puisque son mauvais état de santé l'obligera, à la fin, à y renoncer. Rien, en conséquence, ne lui échappe, ni les nominations des maires des villes et des agents du royaume, auxquelles il veille quotidiennement, ni la réception des diplomates étrangers, ni le suivi des affaires militaires.

Jugeant fort bien les hommes et sachant se les attacher, soit par la séduction, soit par l'intérêt, soit par la peur, tout à la fois sincère et cynique, il s'impose avec ses conseillers comme un interlocuteur remarquable, dont nul ne peut contester l'autorité naturelle. Son gouvernement est donc celui d'un chef qui entend que tous et chacun « charrient droit », comme il aime à le répéter ; non pas pour lui plaire, mais pour travailler à ce qu'il estime être le but ultime : le service de la France, comme lui-même s'y astreint.

En matière militaire, la France, pour la première fois, se voit dotée d'une armée permanente de quelque 4 000 lances et 20 000 fantassins, destinée à assurer sa protection, même si, chaque fois qu'il le peut, le roi préfère la négociation au combat, quitte à acheter la paix. Il n'empêche, c'est bien lui qui imprime à la monarchie cet aspect militaire qui va perdurer jusqu'en 1789 et qui demeure une caractéristique française, annonçant de surcroît, avec quelques siècles d'avance, le concept de force de frappe, qui consiste à ne pas utiliser son armée contre l'ennemi, mais à le menacer de le faire en cas d'agression. En témoigne l'adaptation progressive de l'architecture militaire aux réalités de l'artillerie moderne, à laquelle Louis XI veille particulièrement, grâce aux concours des architectes italiens, les meilleurs dans ce domaine, et dont on peut voir les effets sur nombre de châteaux de la Loire.

En matière de justice, le roi octroie le privilège d'inamovibilité concédé aux magistrats, ce qui constitue une garantie majeure contre l'arbitraire royal, indispensable à toute bonne justice, de même qu'il fonde trois parlements dans les provinces conquises, à Bordeaux, Perpignan et Dijon. Les laisse-t-il pour autant aussi indépendants qu'il l'affirme ? Sans doute en matière de justice ordinaire, moins lorsqu'il s'agit des atteintes à la sécurité de l'État, comme on le voit bien lorsque trois conseillers au parlement de Paris refusent de condamner à mort le duc de Nemours, et se voient privés de leur office. Le roi, pour autant, est-il, dans ce domaine, aussi féroce que sa légende l'affirme ? Certainement pas, puisqu'il ne sévit que contre ceux qui menacent la France, comme l'apprennent à leurs dépens, on l'a vu, René d'Alençon, Louis de Saint-Pol, le bâtard d'Albret et même le duc de Bourbon, sans parler, naturellement, du duc de Bourgogne.

Reste que la justice de l'époque est dure, ce qui correspond à l'esprit du temps, avec la pratique de la torture, des exécutions publiques et même de l'encagement des prisonniers, et que l'idée de séparation des pouvoirs ne vient encore à l'esprit de personne.

Enfin, en matière religieuse, le roi, malgré sa piété, rogne tant qu'il le peut le pouvoir de l'Église et contient l'Inquisition qui, jamais en France, contrairement à l'Espagne, ne jouera plus de rôle majeur dans la société. Cela n'empêche pas le souverain de réunir le concile de Sens pour réformer la discipline du clergé, encourager la réforme des règles monastiques, celle de l'Université (toujours sous la coupe de l'Église), et de mettre en place, avec l'agrément du pape, un vice-légat qui évite le recours systématique à Rome. Après une longue négociation avec le pape Sixte IV, l'ordonnance d'Amboise, édictée le 31 octobre 1472, réglera désormais dans ce sens les relations entre la France et le Saint-Siège, jusqu'à la signature du Concordat, par François Ier, continuateur dans ce domaine, comme dans bien d'autres, de l'œuvre de son prédécesseur.

Mais pour financer l'État – et en particulier son armée – tout autant que pour acheter les consciences, trahir ses ennemis ou verser des pensions à une noblesse qui, ainsi domestiquée, se tient tranquille, le roi a naturellement besoin de beaucoup d'argent. C'est pourquoi, en matière de finances, il confie, dès le début de son règne, « la boîte à l'enchanteur » (c'est-à-dire le trésor de l'État) à deux excellents spécialistes, Jean de Bar et Guillaume de Varye, qui vont gérer au mieux la richesse du royaume. En matière de monnaie, le roi, assisté par les quatre généraux maîtres des monnaies, qui contrôlent la frappe dans les ateliers, prend un certain nombre de mesures destinées à lutter contre les monnaies étrangères (Allemagne, Lorraine, Bretagne et Espagne), dont le cours élevé menace la valeur de la sienne, et crée une monnaie forte, l'écu neuf de 3,44 grammes d'or en 1462 puis l'écu au soleil, institué en novembre 1475, l'un et l'autre appelés à perdurer.

Jouant surtout sur l'amélioration progressive de l'activité économique, le roi peut à nouveau compter sur une fiscalité qui se trouve être multipliée par quatre entre le début et la fin de son règne, principalement par l'amélioration de la taille, instaurée justement par son père. Celle-ci est un impôt direct par répartition, tandis que les aides sont des taxes indirectes sur les biens de consommation, comme la gabelle (impôt sur le sel) ou les décimes (impôts sur les revenus du clergé). Malgré les variations fiscales d'une province à l'autre, la recette des impôts passe ainsi de 2 700 000 livres au début du règne, à 3 900 000 livres à la fin. S'y ajoutent les impôts « consentis », plus ou moins offerts spontanément à l'État par certaines catégories sociales (bourgeoisie, Église, bonnes villes ou États associés), engendrant d'importants revenus. Reste que les Français, qui, à cette époque comme à la nôtre, n'aiment guère payer, crient contre cette formidable hausse des impôts, que juge sévèrement le chroniqueur Jean de Roye : « Il avait mis son peuple si bas que, au jour de son trépas, il était presqu'au désespoir. »

En réalité, si cette fiscalité est possible, c'est grâce à une économie en pleine expansion, à laquelle le roi n'est pas étranger. Louis XI est probablement, en effet, le premier chef d'État français à s'intéresser à ce domaine et à peser directement de toute son autorité. Lors de son avènement, il est à la tête d'un royaume en ruine, qui a perdu près de huit millions d'habitants et n'en compte plus que quinze, Paris, sa capitale, en ayant perdu pas moins de cent vingt mille. Mais le pays se repeuple rapidement. Un chiffre éloquent témoigne de ce redressement : à la fin du règne de son père, Charles VII, la taille rapportait 1 200 000 livres ; à la fin du règne de Louis XI, elle était de 1 800 000 livres, malgré les derniers hivers de la vie du roi, qui furent particulièrement durs pour les récoltes.

À cette époque, la richesse de la France repose essentiellement sur les paysans auxquels l'État accorde toute son attention, notamment en préservant ce qui leur est le plus cher, cette paix qui leur permet de travailler la terre, de semer et de récolter. Le roi fait d'abord en sorte de remettre en culture les terres abandonnées, et facilite l'installation des nouveaux tenanciers par des exemptions fiscales. Il subventionne directement les équipements, impose la révision des contrats et des baux, décrète l'insaisissabilité de l'outillage agricole et interdit la vente du blé en herbe, tout en réglementant strictement la chasse et, avec elle, la gestion des forêts. Sous son impulsion, la noblesse et le clergé procèdent à leur tour à la mise en valeur de leurs domaines. Les champs de lin, au nord, de chanvre, à l'ouest, les moutons paissant un peu partout, source de l'indispensable production de laine, montrent un dynamisme permettant le doublement de la population des villages, dont témoigne l'Anglais Fortescue, même si les techniques d'exploitation demeurent encore archaïques et bien que les crises climatiques provoquent encore des famines, comme celles des années 1480-1482. Le roi, enfin, développe la production des vins de Bordeaux qui, sous son règne, prennent une réelle importance.

Le commerce et l'industrie – ou tout au moins ce qui en tient lieu –, pour autant, ne sont pas négligés, le roi y consacre toute son attention, sous l'impulsion de Guillaume de Varye qui, après avoir caressé l'idée de création d'une banque d'État, pour éviter d'avoir recours aux prêteurs, obtient en 1463 le monopole de l'importation pour la Compagnie des galées de France [entendons les chantiers navals], à laquelle Louis XI accordera sa protection jusqu'à la fin. Pour favoriser la circulation des marchandises et se concilier les bonnes grâces des citadins, avec lesquels il se sent plus en phase qu'avec les membres de la noblesse – lui que, souvent, on surnomme « le roi des marchands », ne serait-ce que par le fait qu'il accorde à la bourgeoisie le droit d'acheter des biens nobles – Louis XI se passionne pour les foires. Soucieux de réduire la concurrence de celles des États flamands, il favorise ainsi celles de Paris, de Rouen, de Bordeaux et de Lyon, où, en 1464, est installée la première foire de dimension internationale.

C'est encore le roi qui a recours à l'immigration pour

augmenter la main-d'œuvre ouvrière, qui attire les banquiers étrangers et qui pousse au développement de l'imprimerie, tout en améliorant le réseau routier, en abolissant les péages abusifs, en jetant de nombreux ponts sur la Loire et la Seine et en prenant maintes mesures en faveur des ports et de la flotte française, laquelle, sous son règne, connaît un essor accru. Ne songe-t-il pas à faire de Marseille le centre du commerce européen du Levant, ce qui constitue l'une des dernières grandes idées de son règne ? Sous celui-ci encore, ce ne sont pas moins de soixante-dix règlements de métiers qui sont alors édictés, dont certains annoncent même Colbert avec deux siècles d'avance, tandis que, parallèlement, le roi met en œuvre les premières mesures destinées à unifier les coutumes juridiques, de même que les poids et les mesures.

Témoigne, entre autres, de cette intervention directe de l'État en matière économique, la création du premier réseau de poste, installé en 1464, qui, là encore, constitue une nouveauté révolutionnaire marquant l'exception française. Dès l'année 1479, quatre routes sont en place, permettant la circulation des hommes et des correspondances, Tours-Paris, Tours-Bourges, Tours-Bordeaux et Paris-Arras. Parallèlement, le roi réglemente très scrupuleusement, en 1461, l'exploitation minière du Beaujolais et du Lyonnais, s'intéresse de très près à la draperie et surtout à la soierie, faisant établir à Lyon la première fabrique de luxe dans ce domaine. Enfin, il encourage les expéditions lointaines, comme celle de Georges Bissipar, de Honfleur, qu'à la veille de son trépas, il envoie aux îles du Cap-Vert, ce qui constitue alors une aventure extraordinaire.

Enfin, se développe sous son règne la fonderie, principalement à destination de l'artillerie de guerre, tandis que la banque commence à prendre une place prépondérante dans l'économie de la nation. Et il n'est pas jusqu'à ce qu'on appelle aujourd'hui le mécénat culturel, dans lequel il joue un rôle essentiel, comme l'a fort bien étudié Sophie Cassagnes-Brouquet, dans une thèse reconnue. Nombre d'églises lui doivent, en effet, de notables embellissements (Toulouse, Saumur, Montrichard, Tours, Saint-Lô), en particulier en matière de vitraux, dont la technique atteint sous son règne une véritable perfection. De même plusieurs châteaux, Amboise, Langeais et d'autres, témoignent encore de ce qu'on peut légitimement appeler le style Louis XI, marqué par cette progressive transformation des anciennes forteresses en lieux de vie ouverts, aérés et confortables. Certes, son règne n'est pas celui de François Ier, mais, malgré la priorité donnée à l'administration du royaume et à la guerre, malgré aussi la totale allergie du roi au luxe, aux fêtes et au faste, il n'est pas faux de suggérer qu'il a incarné, entre la fin du Moyen Âge et les débuts de la Renaissance, une étape significative.

À la mort de celui qui, selon Jean Favier, fut, par tous ces aspects, « un roi aux approches de la Renaissance », la paix règne à l'extérieur et à l'intérieur d'une France occupée à faire mûrir les fruits de sa croissance, et que Machiavel cite comme l'exemple parfait d'un État géré par un prince dont il va s'inspirer pour composer son célèbre traité, ce qui en dit long sur la faveur dont Louis XI jouit dans l'Europe de son temps. Et surtout dans cette partie de l'Italie où germe l'esprit de la Renaissance, comme si, pour la France, il incarnait bien le relais, l'étape intermédiaire entre le Moyen Âge qui s'achève et cette extraordinaire époque qui s'approche, l'ultime palier que le Moyen Âge doit franchir pour atteindre la Renaissance.

Louis XI incarne mieux que quiconque la transition entre deux mondes, ce dont, probablement, il eut, sinon la conscience, du moins l'intuition. Cela explique rétrospectivement son action, dont, cinq siècles plus tard, contrairement à ses contemporains, on perçoit la logique : la mise en œuvre de la paix générale permettant non seulement l'agrandissement du royaume, mais encore sa mise en valeur, avec pour conséquence le renforcement de l'État, rendu possible par une fiscalité accrue, elle-même dépendant de la prospérité économique. Tout cela fait naturellement de Louis XI un souverain par excellence moderne, qui n'a guère d'équivalent en son temps, en un mot un chef d'État à longue vision, ce qui est bien la marque des grands.

15.

Un inconnu dans son privé

«Qui ne sait pas dissimuler ne sait pas régner.»

Louis XI

Dans le jardin de Plessis-les-Tours, en cette fin d'après-midi de l'été 1480, le roi, vêtu légèrement car la chaleur se fait lourde, visite successivement les cages de sa volière, puis son chenil, avant de s'en aller observer les mammifères de ce qu'on n'appelle pas encore un zoo, mais qui en tient lieu. Commynes nous montre un Louis XI intime, très occupé par ses activités cynégétiques et curieux d'espèces animalières, bien éloigné de sa légende noire, dans ce style pittoresque qui est celui du français de l'époque :

«Pour tout plaisir, il aimait la chasse et les oiseaux en leurs saisons, mais il n'y prenait point tant de plaisirs comme aux chiens. Encore et en cette chasse, il avait autant d'ennui que de plaisirs, car il prenait de grandes peines, il courait les cerfs à la force et se levait fort matin, et allait aucune fois loin, et ne laissait pour nul temps qu'il fit ; et ainsi s'en retournait aucune fort bien las, et presque toujours courroucé à quelqu'un, car c'est métier qui ne se conduit pas toujours au plaisir de ceux qui le conduisent. Toutefois, il s'y connaissait mieux que nul homme qui ait régné de son temps, selon l'opinion de chacun…

Il faisait acheter un bon cheval, quoiqu'il coutât, ou une belle mule, mais des pays où il voulait qu'on le crût sain, car ce n'était point en ce royaume. Des chiens, en envoyait quérir partout ; en Espagne, des allans ; des petites levrettes en Bretagne, lévriers, épagneuls, et les achetait cher ; en Valence, de petits chiens velus, qu'il faisait acheter plus cher que les gens les voulaient vendre ; en Sicile envoyait quérir quelque mule spécialement à quelque officier du pays, et la payait au double ; à Naples des chevaux et bêtes étranges de tous côtés, comme en Barbarie, une espèce de petits lions, qui ne sont point plus grands que des petits renards et les appelaient adis. Au pays du Danemark et de Suède, envoya quérir de deux sortes de bêtes, l'une s'appelait helles et sont de corsage de cerfs, grands comme des buffles, les cornes courtes et grosses ; les autres s'appelaient rangiers, qui sont de corsage et de couleur de daim, sauf qu'elles ont des cornes beaucoup plus grandes… »

Ce témoignage sur les curiosités zoologiques du roi montre que, comme toujours en histoire, il y a l'œuvre et l'homme. L'œuvre, comme on vient de le voir, offre une place de choix à Louis XI dans la galerie des grands chefs d'État de l'histoire de France. L'homme, comme toujours, est peut-être plus complexe à analyser, puisqu'il faut, dans chaque être, faire la part de la légende et de la réalité ; en ce qui le concerne, l'exercice est plus subtil, compte tenu de la légende noire. Au fil des années, en effet, la silhouette du roi Louis le onzième est devenue aussi familière que peut l'être l'image d'un homme en un temps où rien n'existe pour la familiariser aux yeux du public, sauf peut-être les incessantes allées et venues que, depuis son avènement, il effectue dans son royaume, et qui ont fini par le faire reconnaître par ses sujets, les habituant à ses habits de drap gris, à son chapeau de laine orné de médailles pieuses, à son intérêt pour les autres, les petits en particulier, qu'il laisse s'approcher de lui et avec lesquels il aime à s'entretenir.

Les rares portraits qu'on a du roi corroborent son physique ingrat, mais assez fascinant, en particulier la longueur du nez, les yeux enfoncés dans leurs orbites, le teint terreux. Le temps a fait son œuvre : il a perdu tous ses cheveux et souffre d'innombrables maux, dont le plus récurrent sont les hémorroïdes, qui furent la plaie de sa vie. Toujours ennemi du luxe, de l'apparat, des fêtes et des cérémonies officielles, celui qui, à la surprise de ses interlocuteurs, appelle tout simplement la reine « ma femme », ne se plaît qu'en petit comité, chez des amis sûrs avec lesquels il n'a pas à composer et peut, tout à loisir, manger, boire, bavarder et rire.

Il déteste les vêtements voyants et les tissus précieux, auxquels il préfère les étoffes de drap ou de laine de couleur grise ou marron – excepté en de rares occasions, où il accepte de porter du drap d'or et de la fourrure, parce qu'il lui faut jouer au roi. Ceux qui le voient pour la première fois le prennent souvent pour un simple bourgeois, lui qui, selon la formule, encore, de Commynes, « est le plus humble en paroles et en habits», ou comme le dit un autre, «mieux pourvu en entendement qu'en vêtements».

À la fin de son règne, le coût annuel de sa maison est de 300 000 livres, ce qui n'a rien d'excessif, d'autant qu'un tiers de cette somme est destiné à payer la garde royale, dont les effectifs vont croissant. Est-il pour autant insensible au confort ? Non, puisque, pour se ménager, l'âge venu, il s'est fait confectionner une gabarre pourvue de fenêtres vitrées, avec laquelle il peut voyager sur la Loire, à l'abri des intempéries. Mais surtout, c'est dans ses demeures que, sinon le luxe, du moins le confort prend une place particulière. Bien avant le commencement de la Renaissance, c'est sous son règne que les anciens châteaux forts, désormais pourvus de fenêtres, de cheminées et de chambres spécifiques, deviennent des résidences plus aérées, mieux chauffées et plus intimes, du moins pour ceux qui, naturellement, ont les moyens de procéder à ces changements. Ainsi en est-il d'Amboise, où, à sa demande, le logis royal est reconstruit par Pierre Artault et Jean Guédon, ou de Langeais, où les salles d'apparat sont refaites, ainsi que les chapelles pour lesquelles il éprouve une véritable prédilection.

Cet homme encore, que la tradition décrit comme sinistre sous le prétexte qu'il n'est pas séduisant, aime à rire et à railler, pourvu qu'on ne l'oblige pas à éblouir, pourvu qu'il se sente en confiance, car de cour, avec lui, il n'y en a pas, ce que, peu après son avènement, avait compris le poète Martial d'Auvergne, se lamentant à sa manière :

Adieu, dames, bourgeoises, demoiselles
Fêtes, danses, joutes et tournoiements

Adieu, filles gracieuses et belles
Plaisirs mondains, joies et ébattements !

Il est entouré de conseillers, le plus souvent non issus de la noblesse, mais qui, naturellement, l'acquièrent en cours de carrière, de vieux amis, avec lesquels il s'en va chasser, et des petites gens qu'il croise – paysans, marchands, artisans – avec lesquels il aime bavarder, bien manger et lever son verre, le plus souvent cul sec, d'autant qu'il est fort connaisseur des terroirs de France. Toujours vifs, ses bons mots font recette, quels que soient ses interlocuteurs, compagnons de table ou grands seigneurs, conseillers ou diplomates, y compris quand l'heure est au tragique. Mais sa faconde lui coûte parfois cher lorsqu'il l'exprime en public. Lui-même d'ailleurs le reconnaît : « Depuis que je suis né, ma langue m'a coûté plus d'un million en or. » Reste que tous ceux qui sont admis dans son intimité sont charmés par la familiarité de celui qui aime prendre le bras de ses interlocuteurs pour les conduire à leur siège, s'asseoir ensuite à leurs côtés pour bavarder comme de vieux compagnons. On est loin des auteurs délirants racontant l'effroi que susciterait chacune de ses apparitions !

Parallèlement, il sacrifie à sa dévotion naturelle, entendant la messe tous les matins, se confessant une fois par semaine, récitant ses heures dès qu'il en a le loisir et respectant le maigre du vendredi, tout en ne manquant pas de doter les églises, les prieurés et les monastères qu'il fréquente, et d'accomplir d'innombrables pèlerinages. Il collectionne aussi les objets sacrés et les reliquaires, mais ce point est commun à tous ses contemporains conditionnant souvent le culte des saints à ce qu'ils en attendent de services.

Quoi qu'il en soit – et c'est bien le plus important ! –, les prêtres, pas plus que les femmes, ne dominent à aucun moment de sa vie cet homme libre, qui ne subit aucune influence, même s'il s'informe toujours auprès de chacun avant de prendre ses décisions. Cependant, ne caresse-t-il pas le rêve de s'en aller, un jour, à Rome, pour assister au Jubilé et recevoir toutes les indulgences afférentes à cette démarche ? Et, à défaut de Rome, ne pousse-t-il pas, en 1473, jusqu'à Bayonne, à la frontière de la Navarre, pour se recueillir à l'hospice du Saint-Christ ? C'est un fait : comme la plupart de ses contemporains, les lieux de pèlerinage l'attirent.

Il nourrit une dévotion particulière à la Vierge Marie – ce qui est très français – mais fait aussi d'importantes offrandes aux saints intercesseurs, qu'il sollicite fréquemment, tout en cultivant certaines superstitions, comme en cela le bon peuple de France dont, au fond, il se sent si proche. Sa foi est telle que, sur la fin de sa vie, il renoncera à ses maîtresses et n'aura plus de consommation charnelle qu'avec son épouse, la reine, afin de ne pas se mettre en état de péché mortel à l'heure de comparaître devant son créateur. Mais il faut reconnaître aussi qu'en vieillissant, il se rapproche de cette dernière, reconnaissant du nombre d'enfants qu'elle lui a donnés, même si beaucoup sont déjà partis dans l'autre monde.

A-t-il souffert de la perte de ses enfants ? Bien sûr, même s'il n'est pas de nature larmoyante. Une anecdote est révélatrice : ayant appris dans une forêt qu'un de ses fils était mort au berceau, Louis XI fit raser la forêt ! Ce geste est-il celui d'un homme sans cœur ?

Une autre anecdote montre un aspect plus secret de sa personnalité. Descendant un jour dans la cuisine d'un de ses châteaux, il voit un petit marmiton occupé à tourner une broche et lui lance : « Combien gagnes-tu ? » « Autant que le roi, répond l'enfant qui ne l'a pas reconnu. Lui et moi gagnons notre vie. Dieu me nourrit et il me nourrit. » Charmé par cette réponse, le roi le prend aussitôt comme page à son service.

Quand il ne cède pas aux charmes de la conversation, de l'esprit et de la prière – ce grand lecteur est un fin latiniste –, ou qu'il ne travaille pas au service de l'État, le roi, toujours bon cavalier, se livre à son unique passion, l'aristocratique plaisir de la chasse, au faucon, aux chiens, forçant le cerf ou le sanglier, mais sans pour autant négliger les petits gibiers à poil ou à plume.

Et c'est là que se trouve son seul véritable luxe, les chiens, pour lesquels il éprouve une vraie passion. S'ils participent à ses chasses, ces derniers vivent également avec lui, le suivent partout, avec leurs colliers en cuir de Lombardie, cloutés d'or, reçoivent les soins les plus sophistiqués, et auxquels le roi prodigue toute son affection, quand il ne se soucie pas de leur reproduction. Tous les témoignages des contemporains sont formels : lui parler de ses chiens, lui en offrir, constitue le meilleur moyen de gagner la confiance de Louis XI, pour ne pas dire son amitié. Mais le roi affectionne aussi les chevaux, les oiseaux et même une vache flamande, qu'il a reçue en présent, dont il aime boire le lait après l'avoir caressée comme une vieille amie.

Louis XI, qui a fui Paris dès le début de son règne et résidé le plus souvent dans plusieurs châteaux sur la Loire, finit par s'installer définitivement à Plessis-les-Tours, dont il fait sa résidence préférée, en partie parce que celui-ci est proche de Tours, mais aussi parce que l'ancienne seigneurie de Montils, acquise par son père Charles VII, au confluent de la Loire et du Cher, lui convient parfaitement, dans son cadre bucolique. C'est une demeure, sinon très vaste, du moins élégante et confortable, qui n'a bien sûr rien à voir avec la sinistre forteresse inventée par l'imagination romantique, même si elle sera appelée à disparaître, puisqu'il n'en reste aujourd'hui que l'aile est, avec ses murs de brique et ses grandes fenêtres encadrées de pierre.

Pourquoi cet éloignement ? D'abord parce que, tout au long de sa vie, il endure un certain nombre de maux l'obligeant souvent à se cloîtrer, maux que la médecine de son temps est incapable de soigner, tels que les brûlures d'estomac, les crises de foie, la goutte, la congestion, les hémorroïdes ou l'eczéma purulent, dont nous savons aujourd'hui que certains d'entre eux étaient peut-être d'origine psychosomatiques. Certes, tout cela ne l'empêche pas de vivre jusqu'à soixante ans, ce qui, à cette époque, constitue le grand âge. Le roi, en tout cas, prise tant ce séjour qu'il va jusqu'à y installer un atelier de soierie, le premier en France, que fait tourner une équipe d'ouvriers italiens. La mauvaise santé chronique de cet homme est cependant inversement proportionnelle à son extraordinaire énergie, puisque, malgré ses souffrances, il semble infatigable à la chasse ou à la guerre, ne cessant jamais de se déplacer et, de ce fait, étonnant les médecins contemporains. Fut-il épileptique, comme certains l'affirment ? Ce n'est pas impossible, mais il est sûr que ce sont plusieurs hémorragies cérébrales qui le paralysent et finiront par l'emporter. On parle plus volontiers, aujourd'hui, d'hypertension et d'artériosclérose cérébrale, ce qui pourrait expliquer ses problèmes.

Reste que le goût de la solitude est aussi un trait de caractère qui n'échappe pas à l'ambassadeur Visconti : « Ayant dû affronter bien des épreuves et bien des maladies, le roi consacre son temps libre à la prière, ainsi qu'aux plaisirs de la chasse. Il aime la solitude, et quoique pour un prince, la chose soit difficile, il fuit la multitude, qui est odieuse à tout homme de bien. »

Ce solitaire, pour autant, n'en est pas moins un grand bavard, dont la conversation ne manque pas de charme, et même un homme à femmes qui, toute sa vie, a des maîtresses. Celles-ci lui permettent de satisfaire sa paillardise naturelle, assez caractéristique, convient-il de préciser, à la nature des hommes de son temps, et dont sa femme, Charlotte de Savoie, reléguée avec ses dames au château d'Amboise, n'a pu le détourner, malgré les huit enfants qu'elle lui a donnés, dont seulement trois vont survivre – la sage Anne de France, future dame de Beaujeu et gouvernante du royaume pendant la minorité de son frère, l'austère et contrefaite Jeanne, future duchesse d'Orléans qui, répudiée par son mari, finira par fonder l'ordre de l'Annonciation et être canonisée par l'Église en 1950, et Charles, le futur Charles VIII.

Entourée d'une maison comprenant quelques serviteurs fidèles et une douzaine de dames d'honneur, la reine Charlotte n'est certes pas la femme la plus en vue de France. Modeste et résignée, elle se consacre surtout à l'éducation de ses deux filles. Au terme d'une existence totalement insignifiante, cette souveraine éminemment discrète s'éteindra d'ailleurs quelques mois après son mari, le 1er décembre 1483, comme si elle était incapable de vivre sans lui.

Énumérer les femmes que Louis XI a mises dans son lit n'a, bien entendu, aucun intérêt, sauf celui de mentionner que ses proches et nombre de ses contemporains l'ont su, puisque beaucoup de chroniqueurs ont fait à ce sujet des allusions précises, y compris Brantôme racontant qu'« il changeait de femme comme de chemise ». Certaines d'entre elles nous sont connues, comme cette Mme de Gigon, dont il fut terriblement épris, et qu'il quitta, nous dit Sauval, pour la femme d'un joaillier venue justement lui apporter le collier commandé pour sa maîtresse, tandis que d'autres n'ont laissé que leur nom, Gogette Durand, Catherine de Salemmite, Huguette du Jacquelin ou Catherine de Vaucelle, que François Villon cite dans son *Grand Testament* (elle en est la maîtresse), sans compter Perrette de Châlons, sur laquelle on fit tant de chansons plus ou moins lestes, comme on les aimait alors, dans l'esprit de Boccace. De Félizé Regnard, qui dura un peu plus, il eut deux enfants, Guyette et Jeanne ; cette dernière épousa Louis de Bourbon, comte de Roussillon. Et de Marguerite de Sassenage, il eut encore deux filles, Marie, qui épousa Aymar de Poitiers, sire de Saint-Vallier, ainsi qu'Isabeau, qui épousa Louis de Saint-Priest, que Charles VIII, plus tard, allait appeler « ma sœur ». Selon une autre tradition, lorsque mourut prématurément Marguerite de Sassenage, le roi apprit qu'un astrologue avait prédit ce trépas. Aussitôt, il le convoqua et lui lança : « Toi, qui prétends être si habile homme, et qui te prononces si hardiment sur le sort des hommes ; peux-tu me dire quand tu mourras ? », s'attirant cette réponse à laquelle il ne s'attendait pas et qui sauva probablement son interlocuteur : « Certainement, Sire, trois jours avant Votre Majesté. »

Les femmes, pour autant, n'ont dans sa vie qu'une importance secondaire, on serait tenté de dire hygiénique. Ses galipettes terminées, Louis XI semble en effet bien plus concerné par les livres, passant aux yeux de ses sujets pour un lettré, si ce n'est un érudit, comme en témoigne cette enluminure représentant l'historien Jean Mansel lui remettant un exemplaire de son ouvrage *La Fleur des histoires*. Son entourage, du reste, comporte plusieurs hommes de plume, comme son secrétaire, le poète Jean Robertet ou le garde de sa bibliothèque, le latiniste Robert Gaguin, avec lesquels il aime s'entretenir, et dans lesquels on voit les premiers humanistes.

C'est encore sur ordre du roi qu'une imprimerie est installée à la Sorbonne, et deux autres à Lyon et à Toulouse, et que sont fondées les universités de Bourges et de Dijon, en 1464 et 1477, tandis que ce souverain, qui maîtrise bien le latin et même l'italien, et dont Commynes nous assure qu'il avait « beaucoup d'affection pour les belles lettres », s'impose souvent comme l'arbitre des querelles opposant fréquemment les professeurs en chaire. N'a-t-il pas lu Aristote dans sa jeunesse ? Cependant, même s'il sait tenir une discussion de haut niveau, il n'est pas à proprement parler ce qu'on appelle un intellectuel, même si l'expression n'existe pas encore à l'époque. Il est en revanche un homme instruit, capable de concevoir l'abstraction, sensible aussi à l'art, ce que prouve l'entrée à son service des enlumineurs Jean Fouquet et Jean Bourdichon qui, en travaillant pour lui, ouvrent ainsi la première grande page de l'histoire de la peinture française.

À l'instar de nombre de ses contemporains, en cette période de transition entre le Moyen Âge qui s'achève et la Renaissance qui pointe à l'horizon, le roi s'intéresse aussi aux sciences, comme l'astrologie, et surtout à la médecine, pour laquelle il éprouve une sorte de passion le conduisant à faire recopier des traités médicaux et à favoriser l'enseignement de cette science, aidant à cet effet la faculté de Montpellier, sans compter les conseils d'hygiène alimentaire qu'il aime prodiguer à ses familiers.

Conscient de l'importance de la réflexion dans la pratique du métier de roi, il va, à l'extrême fin de sa vie, jusqu'à prendre la plume pour délivrer à son fils et successeur un certain nombre de ses réflexions, qu'il intitule *Le Rosier des guerres*, comme, une fois de plus, le fera plus tard Louis XIV. Parallèlement, il a pour très proche ami et conseiller le diplomate Philippe de Commynes, qui a, comme nous l'avons déjà dit, quitté Charles le Téméraire pour se mettre à son service et qui, par ses *Mémoires*, va bientôt s'imposer comme le premier chroniqueur de son règne.

Mais la caractéristique essentielle de cet homme énigmatique est bien son goût pour la politique. Pendant toute la durée de sa vie, celui qui, plus que le roi, se considère comme le premier officier du royaume, tôt levé le matin et tard couché le soir, ne se consacre quasiment qu'à la gouvernance de son État, épluchant tous les rapports, lisant toutes les lettres, dictant les réponses ou s'entretenant avec ses conseillers ou les ambassadeurs des pays étrangers, mettant ainsi en application le sens de sa mission, qu'il définit ainsi : « La cause de souveraineté et majesté royale, à nous seul est de notre compétence et appartient le général gouvernement et administration de notre royaume. »

Peut-être par ce côté est-il le premier roi de France à se comporter en autocrate, à instaurer ce pouvoir qu'on appellera plus tard absolu, dont il pose la première pierre, non par ambition, goût du pouvoir ou ego surdimensionné, mais parce qu'il comprend que, au terme de la guerre de Cent Ans et de l'anarchie qu'elle a engendrée, seule une autorité unique est en mesure de relever la France. Et c'est bien pour cela qu'il écarte systématiquement la haute noblesse de la direction des affaires et s'entoure d'hommes d'origine modeste, qui ainsi lui doivent tout, tout en s'appuyant sur les états généraux, c'est-à-dire, là encore, en communiquant directement avec le peuple ou ceux qui font office de le représenter.

Olivier Le Daim, son ancien barbier, qui supervise tout ce qui touche à sa maison, Pierre Doriole, chancelier de France et président de la Chambre des comptes, Jean Bourré, trésorier de France – et plus tard responsable de l'éducation de son fils, le futur Charles VIII –, Guillaume de Varye, principal conseiller en matière de finances, Pierre de Beaujeu, chef de conseil et Antoine de Chabannes, grand maître de France, composent ainsi son équipe rapprochée, qu'il consulte quotidiennement et dont il écoute attentivement les avis, même si, in fine, il décide seul, comme le constate avec malice un contemporain : «Son cheval porte tout son conseil.»

Tour à tour prolixe ou silencieux, chaleureux ou glacial, nerveux ou calme, ce chrétien convaincu, très épris de Notre Dame, mais qui n'est jamais soumis à l'Église, pardonne plus souvent qu'il ne châtie, contrairement à ce qu'on rapporte sur sa prétendue cruauté, de même que cet avare signalé est plus souvent prodigue qu'on ne le croit. Plus mobile qu'on ne le dit encore, il effectue à cheval, chaque année, l'équivalent de 2 000 kilomètres par an, s'imposant probablement comme le souverain qui connaît le mieux son royaume, y compris dans ses aspects les plus populaires, puisque le plus souvent, ses étapes se font dans les auberges.

S'il bouge autant, c'est tout à la fois pour affirmer l'autorité royale dans les villes et les villages, s'informer par lui-même de tout ce qui se dit et se fait, inspecter l'état des fortifications, mais aussi sacrifier à sa passion du pèlerinage. Il visite cathédrales, églises et chapelles pour prier le Très-Haut, et surtout la Vierge, à qui il voue une dévotion particulière, tradition que tous ses successeurs reprendront, jusqu'à ce que Louis XIII finisse par vouer la France à celle-ci.

À partir de la moitié de son règne, cependant, c'est donc à Plessis-les-Tours, comme je l'ai déjà mentionné, qu'il trouve son refuge. Acheté en 1463, ce lieu qu'il fait totalement réaménager, contrairement à ce qu'on affirme souvent, n'a rien de sinistre, puisque cette résidence simple, confortable, claire et aérée, où prédomine le gothique flamboyant, est presque déjà un château de la Renaissance, orné de peintures de Bourdichon, avec ses hautes fenêtres, sa galerie à verrières, où une cuve lui permet de prendre des bains, sans compter l'eau de rose qu'on y répand à profusion, afin d'en améliorer l'air, de même que les épices ou le vinaigre rosat. Dans cette thébaïde, il apprécie particulièrement les parterres fleuris, le jardin potager, le verger, les écuries, le chenil, les volières et la forêt emplie d'animaux, par lesquels il demeure en contact avec cette nature qui lui est si chère. Jusqu'à la fin de ses jours, le roi éprouve une véritable passion pour les animaux, comme il sied aux grands chasseurs, aimant forcer le cerf, le sanglier ou le loup, à la tête d'une meute de chiens, qui font partie de son ordinaire. Il vit de ce fait entouré de lévriers, dont son préféré, baptisé « Cher Ami », qui ne le quitte jamais. Le roi les connaît tous, les nourrit et les soigne lui-même. Il en va de même des oiseaux – un de ses plus grands plaisirs est de les écouter, ne se lassant jamais de leur ramage –, ainsi que des animaux plus exotiques, qu'il reçoit en présent ou fait acheter à grand prix par ses agents.

Ainsi est celui dont Philippe de Commynes donne ce subtil portrait : « Je l'ai connu et j'ai été son serviteur en la fleur de son âge, et en ses grandes prospérités, mais je ne le vis jamais sans peine et sans souci. (...) Le plaisir qu'il prenait était peu de temps en l'an. Le temps qu'il reposait, son entendement travaillait, car il avait affaire en moult lieux et se fut volontiers empêché des affaires de ses voisins comme des siennes. Quand il avait la guerre, il désirait paix ou trêve ; quand il l'avait, à grand peine la pouvait-il endurer. De maintes choses de son royaume il se mêlait et d'assez dont il se fût bien passé ; mais sa complexion était telle et ainsi vivait. Aussi sa mémoire était si grande qu'il retenait toutes choses, et connaissait tout le monde, en tous pays et à l'entour de lui. À la vérité, il semblait mieux fait pour seigneurier le monde qu'un royaume. Et j'oserais bien dire, à sa louange, qu'il ne semble pas que jamais j'aie connu nul prince, où il y eût moins de vices qu'en lui, à regarder le tout. »

Ce jugement, formulé par un homme qui a parfaitement connu Louis XI, tant l'homme privé que public, émis qui plus est après sa mort, donc à un moment où son auteur ne risquait plus rien, constitue sans doute le texte le plus essentiel sur Louis XI. Il sous-entend que le souverain, s'il ne suscitait ni la passion ni l'affection de ses sujets, avait, au moins, acquis quelque chose de plus rare, leur estime, cette estime que Charles le Téméraire ne put jamais recueillir, lui qui disait à ses sujets, qu'il martyrisait faute de pouvoir véritablement les gouverner : « Je préfère que vous me haïssiez plutôt que vous me méprisiez ! »

16.

L'achèvement du grand œuvre

« Comme un bon jardinier en son jardin. »

Louis XI

En ce commencement de l'année 1477, il est agenouillé à ses pieds, comme il le fait au moins chaque matin, certes sur un carreau de velours bleu, mais dans une position déférente et à l'humilité non feinte. Elle, c'est la Vierge, la reine des cieux, statufiée dans la chapelle, lui, c'est le roi de France, soumis, comme un vassal devant sa suzeraine, celle qu'il remercie de l'avoir définitivement débarrassé de son ennemi, le grand-duc d'Occident qui, à présent, achève de pourrir dans son tombeau de la collégiale Saint-Georges de Nancy, d'où le sortira, dans un siècle, son arrière-petit-fils Philippe II, roi d'Espagne, pour l'inhumer plus dignement, sous un somptueux monument, dans l'église Notre-Dame de Bruges.

Louis XI est persuadé que la Vierge l'a puissamment aidé dans ce combat, même s'il ne se demande pas au nom de quel principe la reine du ciel eût préféré tel prince chrétien à tel autre ! Le roi ne doute pas de son bon droit, puisqu'il est du côté de la France, et, donc, multiplie les statues de la Vierge dans les chapelles de ses châteaux, toujours représentée sous les traits d'une jolie jeune femme portant Jésus, dans son manteau de couleur bleu, le bleu de la monarchie française.

Il est évident que la lutte contre la maison de Bourgogne a constitué le combat de sa vie, celui dans lequel il s'est le plus investi. Reste cependant à l'achever avant de s'éteindre, c'est-à-dire à assurer à la France capétienne la jouissance de cette terre conquise par sa seule intelligence et qu'il entend fixer à jamais à la nation. C'est pourquoi, afin de récupérer légalement l'héritage, le roi envisage d'abord d'unir son fils, le Dauphin, et Marie, héritière de la Bourgogne, bien que, juridiquement, il n'ait pas besoin de cette précaution, puisque la Bourgogne ayant été donnée jadis en apanage à un fils de France, elle ne peut revenir à une fille. Aussi fait-il occuper militairement les États de son défunt cousin, Commynes se voyant chargé de saisir Abbeville et lui-même se mettant en marche sur Boulogne, Péronne et Arras, qui fait rapidement sa soumission, après un fameux siège – où naît un célébrissime adage : « Quand les rats mangeront les chats, le roi sera seigneur d'Arras » –, à l'issue duquel le roi de France accorde son pardon aux insurgés, se contentant pour toute punition de leur infliger une indemnité financière.

Parallèlement, les troupes françaises entrent en Bourgogne, dont les populations ne résistent pas, acceptant de redevenir françaises, ce qu'elles étaient un siècle plus tôt. Une seule exception, la résistance de la Franche-Comté, terre d'Empire, qui jamais n'a appartenu au royaume des lis. Il en va de même des États flamands. Si ces derniers sont heureux de n'avoir plus à subir la domination de Charles le Téméraire, si gourmand en hommes et en argent, ils ne souhaitent nullement se jeter dans les bras de cet autre prédateur qu'est, à leurs yeux, le roi de France, dans lequel ils ne voient qu'un tyran, dont la seule préoccupation est de s'approprier leurs richesses. C'est pourquoi ils acceptent de conserver comme princesse Marie de Bourgogne qui, à leur demande, vient de leur accorder, avec l'autonomie, les privilèges que ses père et grand-père avaient abolis.

De surcroît, les Flamands vouent une admiration particulière au fils de l'empereur, l'archiduc Maximilien, qui a toujours été bon pour eux et qui, depuis nombre d'années, convoite la main de la fille du Téméraire. Tout à la fois poussée par sa belle-mère, la veuve du Téméraire, sœur d'Édouard IV, par ses sujets, mais aussi par inclination personnelle, celle-ci accepte ce parti et, le 18 août 1477, épouse Maximilien, refusant ainsi d'unir son destin au fils du roi de France. La colère de Louis XI est telle que, loin de sa prudence habituelle, il laisse libre cours à une cruauté qu'il reprochait pourtant naguère au duc de Bourgogne, et, en matière de représailles, fait ravager les Flandres par ses troupes, tuer les ambassadeurs de Marie et mettre à sac la ville d'Avesnes.

S'ensuit une guerre que le roi de France livre contre les Flamands, s'emparant de la ville de Cassel, dont il fait déporter les habitants. L'hiver, enfin, il met un terme à cette période, sans doute la plus noire de l'histoire d'un souverain plutôt mesuré jusque-là, qui signe avec son adversaire une trêve, admettant sans doute que les Flandres ne seront jamais françaises et qu'il lui faut se résigner. Dans les années qui suivent, le roi de France joue sur tous les tableaux diplomatiques pour empêcher Édouard IV de rompre la paix de Picquigny afin de venir en aide à sa nièce et y parvient parfaitement, quitte à acheter d'autres personnalités britanniques, parmi lesquelles le grand chambellan, Lord Hastings.

Parallèlement, il déploie une forte activité militaire le conduisant à harceler Maximilien, qui résiste, d'où une série de campagnes d'escarmouches, de retournements d'alliances et d'incertitudes qu'achève, le 7 août 1479, l'indécise bataille de Guinegatte, où malgré de lourdes pertes de part et d'autre, nul ne peut se proclamer vainqueur. La mort prématurée de la fille du Téméraire, le 27 mars 1482, suite à une chute de cheval pendant une partie de chasse, conduit Maximilien, par ailleurs débordé par des affrontements en Hollande, à négocier avec un Louis XI fatigué, sentant sa fin venir, le traité d'Arras, signé le 23 décembre 1482. Par celui-ci, la France conserve définitivement la Bourgogne et Maximilien les Pays-Bas, le gage de cette union étant les fiançailles du Dauphin Charles avec la fille de Marie de Bourgogne, Marguerite, qui en dot lui apporte l'Artois, le Mâconnais et l'Auxerrois. Cette fois-ci, l'État bourguignon est totalement disloqué et toute sa richesse va contribuer à la fortune de la France. C'est la fin d'une longue aventure, commencée vingt ans plus tôt, à la grande satisfaction du peuple des campagnes, heureux d'être enfin délivré des affres de la guerre et qui peut désormais se consacrer à sa seule prospérité.

Le traité d'Arras ne fait qu'un seul mécontent, le roi d'Angleterre Édouard IV, qui s'étrangle de rage en apprenant que Marguerite de Bourgogne n'épousera pas son fils, mais celui de Louis XI, et que, de surcroît, ce dernier vient de décider qu'il ne lui payera plus sa pension, puisque désormais il ne présente plus à ses yeux aucun danger. En outre, il est en ce moment occupé à guerroyer contre les Écossais – qu'en vertu de la « Belle Alliance », le roi de France aide en sous-main – et n'a donc pas le temps de dénoncer le traité de paix avec la France. Enfin, quelques mois plus tard, le 9 avril 1483, il succombe lui-même à une crise d'apoplexie en sortant de table, ce qui écarte définitivement la reprise d'une guerre de Cent Ans que son successeur, Richard III, ne semble pas vouloir ressusciter. Après avoir fait assassiner les deux fils de son frère, ce dernier sera lui-même tué, deux ans plus tard, sur ordre de celui qui deviendra son successeur, Henri VII Tudor.

Il ne reste qu'à conduire la petite princesse en France, ce qui est fait sous la houlette d'Anne de Beaujeu, la fille aînée du roi, qui prend la jeune Marguerite sous son aile. Les aléas de l'histoire feront que le futur Charles VIII devra choisir une autre épouse, Anne de Bretagne, mais, pour l'instant, ce projet d'union constitue un joli coup diplomatique.

La Bourgogne enfin acquise – malgré quelques sporadiques révoltes qu'il faut écraser –, il ne reste plus qu'à poursuivre l'agrandissement du royaume par l'Anjou et la Provence, mais là, d'une manière beaucoup plus pacifique, et de ce fait plus conforme à l'éthique de Louis XI. Depuis plusieurs années, le roi de France convoite en effet l'héritage de son oncle, René d'Anjou, frère de sa mère, roi virtuel de Naples qui, en 1474, avait décidé de léguer l'Anjou et la Provence à son neveu Charles III, comte du Maine, et le duché de Bar à son petit-fils, René II, duc de Lorraine. Opposé à cette décision, Louis XI avait aussitôt fait occuper militairement l'Anjou et le Barrois par ses troupes. Furieux, le roi René s'était immédiatement allié au duc de Bourgogne, en lui laissant entendre qu'il pourrait lui léguer la Provence. Mais le désastre militaire que ce dernier avait essuyé en Suisse puis en Lorraine avait changé la donne : le roi René, depuis, se retrouve isolé et ne peut plus résister seul à la toute-puissance de son neveu.

Ayant abandonné le Téméraire à son triste sort, le vieil homme tente de se faire oublier tout au long des six années qui lui restent à vivre. Le 10 juillet 1480, il finit par s'éteindre et Louis prononce aussitôt l'immédiate réunion de l'Anjou au royaume de France. Certes, le roi laisse le comte du Maine recevoir le reste de l'héritage, mais c'est parce qu'il sait qu'il n'en a plus pour longtemps et qu'il accepte de faire de Louis XI son légataire universel. Un an plus tard, il s'éteint à son tour et le roi n'a plus qu'à prononcer l'annexion des comtés du Maine, de Mortain (l'actuel département de la Manche) et de Provence, l'une des plus belles prises de son règne, non seulement par la superficie de cette terre, jadis d'Empire, mais encore par son ouverture sur la mer Méditerranée, avec son port le plus important, Marseille. Ainsi non seulement la France, une nouvelle fois, s'agrandit, à l'est comme à l'ouest, mais encore voit la disparition d'une des dernières grandes maisons féodales capables de faire de l'ombre à la Couronne !

À l'exception du duc de Bourbon, du comte de Foix et

du duc d'Orléans, fidèles à Louis XI – même si le troisième l'est par contrainte –, la France ne compte plus qu'un seul grand féodal, le duc de Bretagne, mais il se tient plutôt tranquille, ayant bien compris les intentions du roi de France, que résume magistralement le chroniqueur Thomas Basin : « Détruire les plus grandes maisons et principautés du royaume, ou tout au moins les affaiblir au point qu'il ne restât plus assez de vigueur, soit à l'une d'elles, soit à toutes ensemble, pour pouvoir s'opposer à sa volonté. »

Cette fois, Louis XI a parachevé son grand œuvre, que concrétise la rédaction, par lui-même, du *Rosier des guerres*, cet ouvrage qu'il destine à son fils, et qui est d'autant plus sincère que son auteur ne cherche pas à dissimuler ses propres erreurs, en particulier celle d'avoir systématiquement éliminé les conseillers de son propre père à son avènement, et de s'être ainsi privé d'hommes d'expérience. Il est le premier roi de France à produire un tel texte. Un seul, après lui, réitérera l'expérience, Louis XIV. C'est dire, une fois de plus, quelle fut, pour l'un comme pour l'autre, l'importance de leur mission, pour vouloir, d'une part, l'écrire, et d'autre part la léguer à leur successeur, affirmant ainsi haut et fort la portée de leurs convictions et celle de leur action.

17.

La danse macabre

> « Toutes les ententes et œuvres du prince doivent être en subtilités, cautèles [prudence] et agais [ingéniosité] pour décevoir ses ennemis, et feindre vouloir faire par une manière et faire par une autre. »
>
> Louis XI

Solitaire, comme bien souvent, l'homme, au crépuscule de ce printemps de l'année 1482, arpente lentement la nef de cette église de Notre-Dame de Cléry, à quatre lieues d'Orléans, à laquelle il tient tant, puisque c'est sous ses ordres que le maître d'œuvre Pierre Le Page l'a édifiée entre 1449 et 1485. À cette église, remplaçant une précédente détruite par la guerre de Cent Ans, et dont il a décidé la reconstruction alors qu'il n'était encore que le Dauphin de France, il a témoigné, sa vie durant, un amour plus durable que celui porté à ses maîtresses, mais comparable à celui qu'il éprouva pour les rives de la Loire. Ainsi n'a-t-il pas ménagé ses écus pour les murs, les vitraux, les objets de culte en or, en argent ou en vermeil, pour la fabrication desquels les meilleurs orfèvres de son royaume ont été requis, tandis qu'il s'était fait construire, à ses côtés, une petite maison recouverte de chaume, pour s'y installer lorsqu'il venait vérifier l'avancement des travaux. Le roi a même obtenu du pape, pour elle, le statut de basilique, ce qui lui permet d'échapper à l'autorité de l'évêque, ne dépendant désormais que du Saint-Siège. Il y a même fait déposer une relique fondamentale pour la religiosité de cette fin du Moyen Âge, une des épines de la couronne du Christ !

C'est là, sous ces hautes voûtes à l'esthétique particulièrement épurée, que Louis XI a choisi de reposer, aux côtés de son épouse, face à la statue de la Vierge miraculeuse de Cléry, cela expliquant pourquoi il aime venir en inspecter les détails. Même s'il n'est pas pressé, tout doit être fin prêt le moment venu, celui où Dieu – que les rois de France appellent traditionnellement « le gentilhomme d'en haut » – le rappellera à ses côtés. Dans son gothique flamboyant, dont les murs de tuffeau et la trentaine de fenêtres rehaussent la légèreté, Notre-Dame de Cléry constitue, d'une certaine manière, le testament de Louis XI et, de ce fait, est sans doute le monument le plus personnel de son règne, celui dans l'intimité duquel il lui plaît de se mouvoir, dès que les charges de l'État lui en laissent le loisir, en attendant d'y passer l'éternité, en quelque sorte l'écrin de ses rêves.

Sa mission terrestre terminée, le roi de France, pendant ses dernières années, a tendance à se replier dans son château de Plessis-les-Tours, luttant jusqu'au bout contre cette mauvaise santé qui l'a tant fait souffrir, tandis que ses serviteurs, au fil des derniers mois, éconduisent ses visiteurs, sauf naturellement les conseillers les plus fidèles, ainsi que les diplomates. Louis XI, néanmoins, n'en effectue pas moins un énième pèlerinage, cette fois à Saint-Claude, dans le Jura, où il espère guérir de ses crises réitérées, depuis l'année 1479, probablement une succession d'hémorragies cérébrales dont certaines le laissent sans voix pendant quelques jours et d'autres le conduisent à l'épilepsie. Mais c'est à partir de l'année suivante que son état se dégrade irrémédiablement.

Jusqu'à la fin cependant il continue de gouverner seul, dictant des lettres, envoyant des instructions dans toute l'Europe, veillant sur tout et à tout, accueillant enfin les émissaires de Maximilien – venus recevoir son serment de confirmer le traité conclu, mettant ainsi un point final à la succession de Charles le Téméraire –, à qui il prodigue mille amabilités, puisqu'il possède toujours son entendement. Le témoignage de Commynes est sans équivoque : « Je trouvai un peu le roi notre maître envieilli, et commençait à soi disposer à la maladie. Toutefois, il n'y parut pas si tôt et conduisait toutes les choses par grand sens. »

Pourtant, peu à peu, ses forces décroissent, l'obligeant à demeurer confiné dans sa chambre, avec pour seul compagnon son dernier chien favori. Il laisse de plus en plus ses conseillers expédier les affaires courantes, se réservant les décisions les plus importantes, comme celle, à la requête du pape, de libérer le cardinal Jean Balue, prise au mois de décembre 1480. Mais une nouvelle crise le laisse particulièrement abattu, même s'il finit par s'en remettre, avec difficulté. Sans se l'avouer, il sent que, désormais, la mort rôde derrière sa porte et que ses médecins, malgré leur dévouement, sont incapables de la tenir à distance respectable.

Son humeur se ressent-elle de son affaiblissement ? C'est certain, ses dernières années étant marquées par un caractère assombri, la crainte de l'empoisonnement, la méfiance à l'égard des autres, y compris ses fidèles, ensemble constituant cette paranoïa de certains chefs d'État, aujourd'hui bien connue, mais que la médecine de son temps n'a pas encore décelée et que ses proches constatent, impuissants. Le pont-levis du château ne s'ouvre plus qu'à huit heures du matin pour se refermer dans l'après-midi, un mur hérissé de broches de fer entoure désormais la propriété et des pièges sont disposés dans les alentours déjà fortement surveillés par les archers, « comme une place de frontière étroitement gardée », note un contemporain.

Deux praticiens veillent pourtant sur lui, Angelo Catho et Jean Coitier, mais, toujours soucieux de son salut, leur illustre patient fait venir d'Italie un ermite déjà célèbre, François de Paule, qui accepte de quitter sa grotte de Calabre et va l'assister jusqu'à son dernier souffle, tout en continuant de vivre à la dure, dormant à même le sol et ne mangeant ni viande ni poisson. Est-ce sur ses conseils que le roi fait venir de Reims la sainte ampoule et la fait déposer sur une crédence en face de son lit ? Cette requête va frapper durablement les témoins de sa fin de vie.

Quoi qu'il en soit, celui dont l'amaigrissement effraie ses proches multiplie les offrandes aux communautés religieuses, les fondations de messes à sa mémoire et le don de pièces d'orfèvrerie aux églises. À présent définitivement alité, il ne peut assister, le 22 juin 1483, à l'arrivée de Marguerite de Bourgogne, fille de Marie, déjà partie pour l'autre monde, c'est-à-dire la propre petite-fille du Téméraire, et à ses fiançailles avec le Dauphin, célébrées à Amboise. Et c'est encore dans sa chambre qu'il reçoit les délégués des villes, qu'il prie instamment de rester couverts devant lui, pour rappeler combien, toute sa vie, il est resté fidèle à une certaine forme de politesse dans laquelle le mépris de l'autre n'a pas lieu d'être.

Il trouve même l'énergie de faire de l'esprit en leur lançant : «Je sais bien que vous me préférez sous les traits d'un vieillard que d'un mort.» C'est sa dernière apparition en public. Désormais, seuls ses proches le verront, tout en imposant au château un esprit de tombeau, dans lequel chacun se déplace comme une ombre, se tait ou chuchote. À plusieurs reprises, des crises successives semblent terrasser le roi qui, in extremis, parvient à s'en remettre, quoique chaque fois plus affaibli, n'éprouvant plus que trois derniers plaisirs : écouter le chant des oiseaux de ses volières, caresser ses multiples chiens et, à demi couché sur le lit, où il passe désormais ses journées, regarder les arbres entourant son domaine se dépouiller de leurs feuilles.

Cependant, l'automne passé, la dureté de l'hiver accentue ses douleurs, que tentent en vain de combattre les reliques qu'il réclame, ou que ses sujets lui envoient spontanément, souvent apportées par toutes sortes de charlatans venus lui proposer les remèdes les plus fantaisistes. Après avoir répété à son entourage qu'il ne fêterait probablement pas ses soixante ans, puisque aucun de ses prédécesseurs n'était arrivé à cet âge depuis bien longtemps, il les atteint pourtant, mais à quel prix ! Un épuisement total de son organisme.

Le printemps venu, il semble enfin comprendre qu'il est perdu et qu'il est temps de se soumettre à l'autorité divine, ce à quoi l'exhorte François de Paule, sous le regard de Commynes : « Oncques homme ne craignit tant la mort ni ne fit tant de choses pour y mettre remède. Et avait tout le temps de sa vie prié à ses serviteurs et à moi que, si l'on le croyait en nécessité, que on ne le dît point, et que l'on l'émût seulement à se confesser, sans lui prononcer ce cruel mot de la mort, car il lui semblait qu'il n'avait pas le cœur d'ouïr une si cruelle sentence. »

Le lundi 25 août, une nouvelle attaque semble l'emporter. Il se remet de justesse, mais juge que le moment est arrivé, profitant de cette ultime accalmie pour recommander le Dauphin à ses proches et envoyer à Amboise, par l'entremise du chancelier, les sceaux de France à celui qu'il appelle désormais « le roi mon fils ».

Ce même jour, Louis XI effectue sa dernière confession, communie et reçoit les derniers sacrements, puis se détache peu à peu du monde, jusqu'à ce samedi 30 août 1483, où il finit par s'éteindre, entre sept et huit heures du soir, après s'être écrié : « Ô Notre Dame d'Embrun [la patronne du Dauphiné], ma bonne maîtresse, aidez-moi » au crépuscule de sa soixantième année – comme son père ! – et à la vingt-deuxième de son règne. « Notre Seigneur ait son âme, conclut joliment Joinville, et la veuille avoir reçue en son paradis. »

Après que son corps fut embaumé, ses serviteurs recouvrent sa dépouille du manteau fleurdelisé, symbole de sa fonction, et se jettent en prière sans feindre les larmes qu'ils versent spontanément devant la perte d'un roi qui avait été si bon pour eux. « C'est peu de chose que l'homme et que cette vie est misérable et brève », va écrire Commynes, et « ce n'est rien des grands ni des petits dès qu'ils sont morts », constatant le peu d'émotion que provoque, en revanche, chez les grands du royaume, l'annonce du trépas d'un souverain dont les Français, toujours inconstants, ont fini par se lasser, avec l'espoir, toujours déçu, que son successeur serait plus à leur écoute et arrangerait la situation générale, pourtant bien meilleure à la fin du règne que lors de son commencement.

Le monarque disparu, ses funérailles se déroulent, le 2 septembre, à Saint-Martin de Tours, où la cour est présente, tandis que d'innombrables messes sont célébrées dans toute la France. Le 6 septembre, le corps du roi est, selon les vœux du défunt, inhumé à Notre-Dame de Cléry, et non à Saint-Denis, comme le veut la tradition capétienne. Pourquoi cette insolite décision ? Lui-même s'en est expliqué de son vivant, par une boutade, disant qu'il y avait là-bas trop de rois pour qu'on pense à prier pour lui ! En fait, probablement pour ne pas passer l'éternité en compagnie de ce père avec lequel il ne s'est jamais entendu et aussi, sans doute, pour demeurer à jamais protégé par cette thébaïde de la Loire, près de laquelle, finalement, il avait toujours vécu et qu'il entendait préserver par-delà la mort.

C'est donc à Notre-Dame de Cléry qu'il repose désormais, auprès de sa femme, morte à son tour le 1er décembre 1483, sous un mausolée conçu par Jean Fouquet, lui-même surmonté de sa statue en cuivre doré, créée par le sculpteur

Conrad de Cologne et fondue par le canonnier Laurent Wrine. Extrêmement réaliste, elle le représente à genoux, portant l'armure mais tête nue, dans une simplicité qui, au fond, sied bien à sa personnalité. Cette statue, cependant, ne va pas perdurer, puisqu'en 1562, elle sera détruite par les huguenots qui, en même temps, saccagent l'église. Il reviendra à Louis XIII de la faire remplacer par une autre. Confiée au ciseau de Michel Bourdin, elle représentera Louis XI, toujours à genoux, mais cette fois-ci en marbre blanc, vêtu d'une ample robe et entouré de quatre angelots.

La fureur, pourtant, n'épargnera pas le défunt roi, puisque, sous la Révolution, ce seront ses propres restes qui seront détruits, à défaut de la statue, sauvée par Alexandre Lenoir, et qui sera réinstallée, au XIXe siècle, sur un nouveau mausolée composé de quatre colonnes et d'un plateau. Et c'est bien face à ce monument qu'on peut toujours méditer sur cette figure si essentielle de notre histoire, sans doute trop mal jugée, mais dont les hommes politiques peuvent s'inspirer, puisque, quels que fussent ses défauts, sa dureté parfois, il est incontestable que seul l'intérêt général anima cet être, certes complexe, mais profondément authentique, dont l'œuvre est à présent reconnue par la postérité, après une beaucoup trop longue traversée du désert.

ÉPILOGUE

L'héritage préservé

> « Il faut toujours augmenter et accroître de tous côtés, par grand soin, sollicitude et diligence le pouvoir royal. »
>
> Louis XI

Depuis plus de cinq siècles, à Moulins, dans le fief des ducs de Bourbon, dont un des rejetons va, un jour, ceindre la couronne de France, elle prie, les mains jointes sur le côté droit d'un triptyque réalisé par un peintre inconnu, nommé de ce fait « le maître de Moulins », son mari lui faisant face, sur le côté gauche, également priant le Seigneur. Tous deux sont de rouge vêtus et tous deux portent la couronne ducale, ce qui confère une dignité particulière à cette peinture, que rehausse le sérieux de leur apparence, toute droite, discrète et même un peu raide, conforme à ce que l'histoire a retenu de la vie d'Anne de France et de Pierre de Beaujeu.

Mais au-delà de tout cela, ce qui frappe le plus est, sur ce double portrait, cette extraordinaire ressemblance de la dame avec Louis XI, avec cette dureté de trait et, surtout, ce regard sans complaisance, tout à la fois lucide sur le monde et déterminé face aux événements. Ainsi Anne de France, fille aînée du roi défunt, est-elle passée à la postérité – cette image allait être confortée à l'époque romantique lorsque sa statue, par Gatteaux, prit place parmi les dames du temps jadis, au jardin du Luxembourg à Paris.

Avant de s'éteindre, Louis XI, dit-on, eût souhaité vivre encore sept ou huit ans pour achever son œuvre mais il est probable aussi qu'il mourut résigné, en se disant que sa fille allait la poursuivre dans le même esprit. Ainsi pendant la minorité de son fils, trop jeune pour lui succéder, ce fut Anne, épouse de Pierre de Beaujeu, de vingt ans son aîné, qui allait assurer la régence, elle dont son père avait coutume de dire qu'« elle [était] la moins folle femme du royaume, car de sage, il n'y en a pas ».

Pieuse, vertueuse, réfléchie et autoritaire, cette princesse obstinée parvint non seulement à tenir tête aux grands du royaume contestant le fait qu'une femme pût les diriger, mais encore à contrecarrer leurs tentatives de déstabilisation en livrant à la justice deux anciens conseillers du feu roi accusés de prévarication, Olivier Le Daim et Jean Doyat, rapidement jugés, condamnés et exécutés, ou en pensionnant certains d'entre eux qui, grassement rémunérés, allaient désormais se taire. De ce fait, Anne de Beaujeu fit du Louis XI après Louis XI, comme le Régent, un jour, allait faire du Louis XIV après Louis XIV !

Au mois de janvier 1484, Anne de Beaujeu convoqua, à Tours, les états généraux du royaume, qui, après avoir présenté leurs doléances, finirent par lui donner quitus de sa gestion des affaires, réitérant ainsi l'alliance qu'avait contractée le défunt souverain avec son peuple. Ce fut le changement dans la continuité qui, jusqu'au bout, lui permit d'assumer une politique apaisée et sereine et faire mentir l'adage qui dit que les régences constituent « les éclipses du soleil », et que la menace biblique est toujours leur lot : « Malheur à la ville dont le prince est un enfant. »

Le 30 mai 1484, en effet, Anne de Beaujeu fit sacrer, à Reims, son petit frère, qui, à quatorze ans, avait fini par devenir majeur, et qui monta sur le trône sous le nom de Charles VIII, tandis que, les grands s'étant à nouveau dressés contre le pouvoir royal, elle se donna le luxe de briser cette ultime révolte, que l'histoire a retenue sous le nom de « guerre folle », en écrasant son chef, le duc d'Orléans, à la bataille de Saint-Aubin-du-Cormier, le 27 juillet 1488. Enfin, elle régla l'un des récurrents problèmes auxquels Louis XI avait été confronté pendant tout son règne, l'autonomie de la Bretagne, en mariant l'héritière du duché, Anne, la fille du turbulent François II, à son frère, le nouveau roi, le 6 décembre 1491.

Cette union allait permettre la réunion de ce pays à la France et l'établissement d'une paix intérieure durable. Ainsi procéderait, plus tard, le sage cardinal de Fleury, en prévoyant l'agrégation de la Lorraine à la France par le mariage du très jeune Louis XV avec Marie Leczinska. Cette fois, hormis la Navarre française, tombée dans l'escarcelle du comte de Foix – le futur Henri IV l'apportera à la Couronne lorsqu'il deviendra roi – et du duché de Bourbon, que François Ier réduira un jour, la France est presque totalement constituée.

S'étant retirée de la cour par la suite, la sage Anne de Beaujeu, qui écrivit un livre intitulé *Enseignements à ma fille*, appelé à devenir un classique, mena par la suite une vie édifiante, que la mort interrompit, en 1522, à Chantelle, où elle s'était retirée, après avoir cependant connu le déplaisir de voir son frère mourir et son adversaire et beau-frère le duc d'Orléans monter sur le trône sous le nom de Louis XII. Celui-ci, cependant, poursuivit la même politique que Louis XI et paracheva son œuvre et celle de cette dynastie des Valois à laquelle il appartenait lui aussi, et qui, par maints aspects, symbolise depuis le redressement de la France à la croisée de deux époques.

Louis XII ne fut-il pas surnommé « le Père du Peuple » ? Et pour conserver la Bretagne à la France, ne répudia-t-il pas Jeanne de France, la fille de Louis XI, pour épouser la veuve de son prédécesseur ? Nul doute que, malgré l'humiliation, Louis XI eût approuvé, au nom de la raison d'État. Le sage Louis XII, enfin, ne laissa-t-il pas la Couronne à son propre gendre, un autre Valois, le futur François Ier, qui lui, allait transcender l'œuvre de Louis XI, avec magnificence ?

Chateaubriand, en son temps, nota combien la France est redevable à la maison de Valois, qui l'a si bien servie, avant de céder la place à la maison de Bourbon. Dans la continuité de cette chaîne, Louis XI, tout au long d'un règne de vingt-deux ans marqué par l'indépendance de la nation et son développement, en fut incontestablement et, au-delà des apparences, l'un des maillons les plus essentiels, ce que montre avec beaucoup plus d'éloquence que ses portraits habituels ce vitrail de la cathédrale d'Évreux où il apparaît magnifiquement, ceint de la couronne et revêtu du manteau bleu fleurdelisé, le visage nimbé d'une lumière onirique rappelant celle de son œuvre, pierre essentielle de la construction de l'édifice capétien, et sans doute l'une des plus marquantes, parce que la plus saillante.

Commencé le 26 janvier 2010,
au Clos Lucé d'Amboise. Achevé le 30 août 2015,
anniversaire de la mort du roi Louis XI,
au Chalet des Chasseurs à Chanceaux-près-Loches,
le jour des vingt ans de « La Forêt des Livres ».

Itinéraire

1423

3 juillet : naissance à Bourges de Louis de France, fils du Dauphin, futur roi Charles VII, et de la Dauphine Marie d'Anjou, qui va passer son enfance au château de Loches.

1436

25 juin : l'année de ses treize ans, épouse la princesse Marguerite d'Écosse, onze ans.

1437

Octobre : fait ses débuts de chevalier au siège de Montereau et entre dans Paris aux côtés de son père.

1439

Mai : nommé lieutenant général du Languedoc, combat les écorcheurs.

1440

Février : s'implique dans un complot contre le roi, la Praguerie.

1441

Août : participe au siège de Pontoise.

1442

Fin de la Praguerie avec sa soumission et pardon de son père.

1443

Août : participe au siège de Dieppe.

1444

26 août : en conduisant les routiers hors de France, remporte la victoire de Pratteln contre les Suisses.

1445

16 août : mort de Marguerite d'Écosse à Châlons-en-Champagne.

1447

Janvier : se retire en Dauphiné, où il va résider neuf ans, tout en administrant cette province avec talent.

1451

9 mars : épouse Charlotte, fille du duc de Savoie, âgée de dix ans.

1452

Fonde l'université de Valence.

1453

Fonde le parlement de Grenoble.

1456

30 août : menacé d'être capturé par l'armée que son père envoie pour le déloger, quitte le Dauphiné pour se réfugier dans les États du duc de Bourgogne, où il va résider cinq ans au château de Genappe, près de Bruxelles.

1461

Avril : naissance d'Anne, son quatrième enfant mais la première destinée à vivre au-delà de sa prime enfance.

Le 22 juillet, mort du roi Charles VII. Le Dauphin Louis, sacré à Reims le 15 août, devient le roi Louis XI et effectue son entrée officielle à Paris, quinze jours plus tard. 9 octobre : s'installe à Tours.

1462

Au terme de la crise de succession d'Alphonse d'Aragon, Louis XI incorpore le Roussillon et la Cerdagne à la France en vertu du traité d'Olite, puis les cités de la Somme, qu'il rachète au duc de Bourgogne Philippe III. Fondation du parlement de Bordeaux.

1463

Février : achat du futur château de Plessis-les-Tours.

1464

Naissance de sa seconde fille, Jeanne, future épouse de Louis XII. Mai : séjour à Toulouse. Par un arrêt du 19 juin, institue la poste à chevaux et à lettres en France. Décembre : assemblée de Tours.

1465

Mars : constitution de la ligue du Bien public contre Louis XI, qui lui impose un sévère avertissement à la bataille de Montlhéry. Octobre : siège de Paris à la suite duquel, après une subtile négociation, est proclamée la paix et sont signés les traités de Conflans et de Saint-Maur.

1466

Reconquête de la Normandie ; épidémie de peste et ordonnance autorisant la fondation d'une manufacture de soierie à Lyon qui restera lettre morte.

1467

Juin : rencontre à Rouen de Louis XI et de Warwick, le «faiseur de rois». Ce même mois : accession de Charles le Téméraire au duché de Bourgogne.

1468

Avril : états généraux de Tours. Septembre . traité d'Ancenis signé avec le duc de Bretagne. Octobre : entrevue de Péronne entre Louis XI et Charles le Téméraire. Siège de Liège mise à sac et incendiée. Décembre : rétablissement du parlement de Toulouse.

1469

Avril : arrestation du cardinal Jean Balue. 1er août : fondation de l'ordre royal de Saint-Michel. Cette même année, fondation d'une manufacture de soierie à Tours. Septembre : nomination du frère du roi au duché de Guyenne

1470

À Tours, dénonciation du traité de Péronne. 30 juin : naissance du Dauphin Charles, futur Charles VIII.

1471

Février : traité de commerce avec l'Angleterre. Invasion de la Picardie par les troupes royales.

1472

24 mai : mort du frère du roi. 27 juin : invasion de la Picardie par le duc de Bourgogne qui échoue devant Beauvais. Septembre : ralliement de Philippe de Commynes au roi de France. 31 octobre : ordonnance d'Amboise régissant les relations entre le roi et le Saint-Siège. Novembre : trêve entre la France et la Bourgogne et fondation d'une imprimerie à Lyon.

1473

Mars : reprise du Roussillon par Jean II d'Aragon ; campagne contre l'Armagnac et première attaque cérébrale du roi. Juillet : arrestation du duc d'Alençon.

1474

Janvier : première émission de l'écu couronne. Mai : entrevue de Louis XI et du connétable de Saint-Pol. Décembre : traité d'Andernach entre la France et le Saint Empire.

1475

Janvier : Jean Fouquet peintre du roi et, le même mois, traité entre la France et les cantons suisses. 29 août : traité de Picquigny, entre la France et l'Angleterre qui met fin à la guerre de Cent Ans. Novembre : émission de l'écu au soleil. 19 décembre : décapitation publique, à Paris, du comte de Saint-Pol, connétable de France.

1476

Mariage de Jeanne de France, fille du roi avec Louis, duc d'Orléans, le futur Louis XII et, la même année, fondation d'une imprimerie à Toulouse.

1477

5 janvier : siège de Nancy dans lequel meurt Charles le Téméraire. Mars-avril : occupation de la Bourgogne par les Français, puis de la Picardie, de l'Artois, du Boulonnais, du Hainaut et de la Franche-Comté. 4 août : exécution de Jacques d'Armagnac, duc de Nemours.

1478

9 janvier : traité d'alliance entre la France et Venise. Septembre : concile d'Orléans. Cette même année, création de la cour des aides de Montpellier.

1479

7 août : bataille incertaine de Guinegatte entre les troupes royales et celles de Maximilien. Octobre : création, par Louis XI, du premier réseau postal sur les routes de France, placé sous l'autorité du contrôleur général des Chevauchées.

1480

Juillet : à la mort du roi René, annexion de l'Anjou. Décembre : libération du cardinal Jean Balue.

1481

Mars : nouvelle hémorragie cérébrale du roi. Décembre : à la mort du comte du Maine, annexion du Maine, du comté de Mortain et de la Provence.

1482

Rédaction des lettres royales destinées à éclairer le fils et successeur du roi. 23 décembre : traité d'Arras par lequel Maximilien de Habsbourg cède la Bourgogne, qui est incorporée à la France.

1483

Juillet : assemblée de Plessis-les-Tours. 30 août : mort de Louis XI, au château de Plessis-les-Tours, à l'âge de soixante ans. Inhumation de son corps en la basilique Notre-Dame de Cléry. Son fils et successeur, le futur Charles VIII, étant trop jeune pour régner, la régence est assurée par sa fille, Anne de France, épouse de Pierre de Beaujeu, dans l'exacte continuité de son règne.

Repères bibliographiques

Bailly (Auguste), *Louis XI*, Paris, 1936.

Basin (Thomas), *Histoire de Louis XI*, Paris, 1963-1966, 2 vol.

Bordenove (Georges), *Louis XI le diplomate*, Paris, 2008.

Calmette (Joseph), *Le Grand Règne de Louis XI*, Paris, 1938.

Cassagne-Brouquet (Sophie), *Louis XI ou le mécénat bien tempéré*, Rennes, 2007.

Cauchies (Jean-Marie), *Louis XI et Charles le Hardy. De Péronne à Nancy*, Bruxelles, 1996.

Champion (Pierre), *Calendrier royal pour l'an 1471*, Paris, 1928.

—, *Le Roi Louis XI*, Paris, 1936, 2 vol.

Combet (Joseph), *Louis XI et le Saint-Siège*, Paris, 1903.

Commynes (Philippe de), *Mémoires des faits du feu roi Louis onzième*, dernière édition, Paris, 1979.

Dubois (Henri), *Charles le Téméraire*, Paris, 2005.

Embry (Robert) et Lavalard (René), *Louis XI et Péronne*, Péronne, 1996.

Favier (Jean), *Louis XI*, Paris, 2001.

Gandilhon (René), *Contribution à l'histoire de la vie privée et de la cour de Louis XI*, Paris, 1906.

—, *Politique économique de Louis XI*, Paris, 1941.
Gaussin (Pierre-Roger), *Louis XI, un roi entre deux mondes*, Paris, 1976.
Gobry (Ivan), *Louis XI, la force et la ruse*, Paris, 2001.
Haloppeau (L.-A.), *Louis XI, le drame entre la France et la Bourgogne*, Paris, 1940.
Heers (Jacques), *Louis XI, le métier de roi*, Paris, 1999.
Kendall (Murray), *Louis XI*, Paris, 1974.
Lassalmonie (Jean-François), *La Boîte à l'enchanteur. Politique financière de Louis XI*, Paris, 2002.
—, « Le financement de la politique de Louis XI », in *Les Notes bleues de Bercy*, Paris, 2002.
Legeay (Urbain), *Histoires de Louis XI, son siècle, ses exploits comme Dauphin*, Paris, 1874, 2 vol.
Louis XI, *Lettres*, Paris, 1883-1909, 11 vol.
Michelet (Jules), « Louis XI et Charles le Téméraire », in *Histoire de France*, tome VI, Paris, 1844.
Périnelle (Georges) et Calmette (Joseph), *Louis XI et l'Angleterre*, Paris, 1930.
Roye (Jean de), *Histoire de Louis XI de France et des choses mémorables advenues de son règne*, Paris, 1893, 2 vol.
Sablon du Corail (Amable), *Louis XI ou le Joueur inquiet*, Paris, 2011.
Sée (Henri), *Louis XI et les villes*, Paris, 1891.
Thibault (Marcel), *La Jeunesse de Louis XI*, Paris, 1907.
Varillon (Michel de), *Histoire de Louis XI*, Paris, 1689 2 vol

Table

DU MÊME AUTEUR

Qui est snob ?, Calmann-Lévy, 1973.

Athanase ou la manière bleue, roman, Julliard, 1976.

Le romantisme absolu, Stock, 1978.

Ligne ouverte au cœur de la nuit, Robert Laffont, 1978.

La nostalgie, camarades ! Histoire des rêves français en 1970 et 1980, Albin Michel, 1982.

Les histoires de l'Histoire, récits, Michel Lafon, 1987.

L'Histoire de France en trois dimensions (trilogie) : *Les dynasties brisées ou le tragique destin des héritiers du trône de France* (1992), *Les Aiglons dispersés* (1993), *Les Septennats évanouis ou le cercle des présidents disparus* (1995), Jean-Claude Lattès.

Desaix, le sultan de Bonaparte, prix Dupleix, Librairie académique Perrin, 1996.

Les égéries russes, Jean-Claude Lattès, 1994.

Les égéries romantiques, Jean-Claude Lattès, 1996.

Romans secrets de l'Histoire, Michel Lafon, 1996.

Alfred de Vigny ou la volupté et l'honneur, prix du Bicentenaire, Grasset, 1988.

Les larmes de la gloire, Anne Carrière, 1998.

Agnès Sorel, beauté royale, Éditions de la Nouvelle République, 1998.

Je vous aime, inconnue, Balzac et Eva Hanska, prix Cœur de France, Nil, 1999.

Le bel appétit de Monsieur de Balzac, prix Gourmand, Le Chêne, 1999.

La Trilogie impériale : *Le Sacre… et Bonaparte devint Napoléon* (1999), *Les vingt ans de l'Aiglon* (2000), *Le coup d'éclat du 2 décembre* (2001), Tallandier.

La grande vie d'Alexandre Dumas, prix de l'Art de vivre, Minerva, 2001.

Les vieillards de Brighton, prix Interallié, Grasset, 2002.

Mes châteaux de la Loire, Flammarion, 2003.

Les princes du romantisme, Robert Laffont, 2003.

L'éducation gourmande de Flaubert, Minerva, 2004.

Sur les pas de George Sand, Les Presses de la Renaissance, 2004.

Sur les pas de Jules Verne, Les Presses de la Renaissance, 2005.

Léonard ou le génie du roi au Clos-Lucé, CLD, 2005.

L'enfant de Vinci, prix des Romancières, Grasset, 2005.

Sur les pas de Léonard de Vinci, Les Presses de la Renaissance, 2006.

La Fayette, Télémaque, 2006.

Histoires d'été, Télémaque, 2007.

Les romans de Venise, Le Rocher, 2007.

Marie, l'Ange rebelle, roman, Belfond, 2007.

François Ier et la Renaissance, Télémaque, 2008.

Henri IV et la France réconciliée, Télémaque, 2009.

La Malibran, la voix qui dit je t'aime, roman, Belfond, 2009.

Au paradis avec Michael Jackson, Presses de la Cité, 2010.

Alfred de Musset, Grasset, 2010.

Balzac, une vie de roman, Télémaque, 2010.

Rosa Bonheur : Liberté est son nom, prix Geneviève Moll de la biographie, Robert Laffont, 2012.

Les châteaux de la Loire vus par Gonzague Saint Bris, Hugo & Cie, 2011.

En tête à tête avec Victor Hugo, Gründ, 2012.

Louis XIV et le Grand Siècle, Télémaque, 2012.

Marquis de Sade, l'ange de l'ombre, Télémaque, 2013.

En tête à tête avec George Sand, album, Gründ, 2014.

Sade : marquis de l'ombre, prince des lumières, album, Flammarion, 2014.

Le goût de Stendhal, recettes de Guy Savoy, Télémaque, 2014.

Composition IGS-CP
Impression CPI Bussière en octobre 2015
Éditions Albin Michel
22, rue Huyghens, 75014 Paris
www.albin-michel.fr
ISBN : 978-2-226-32072-8
N° d'édition : 21932/01. – N° d'impression : 2017710
Dépôt légal : novembre 2015
Imprimé en France